찔레꽃
그녀자

찔레꽃 그녀자

- 초판 1쇄 발행 2019년 1월 22일
- 초판 11쇄 발행 2025년 2월 10일

- 지은이　박순애
- 펴낸이　조유선
- 펴낸곳　누가출판사

- 등록번호 제315-2013-000030호
- 등록일자 2013. 5. 7.
- 주소 서울특별시 공항대로 59다길 276 (염창동)
- 전화 02-826-8802 팩스 02-6455-8805

- 정가 15,000원
- ISBN 979-11-85677-31-6 03230

＊파본은 교환해 드립니다.
＊이 출판물은 저작권법에 의해 보호를 받는 저작물이므로 무단 복제할 수 없습니다.
＊독자의 의견을 기다립니다.
＊sunvision1@hanmail.net

••• **박순애** 자전에세이

찔레꽃 그 여자

출판사
누가

목차

part 1
**삶은
처음부터
내 편이
아니었다**

슬픈 운명	… 9
죽음 같은 절망	… 12
깡통 든 거지	… 16
아궁이 앞에서 잠들다	… 19
악마가 삼킨 아버지 영혼	… 22
죽음보다 더한 운명	… 26
눈물은 산 자만이 흘릴 수 있다	… 30
엄마의 처절한 삶에 바치는 눈물	… 34
예수님은 니 소원 들어 주신다	… 37
내 생명이 살아서…	… 40
그리운 엄마를 찾아	… 44
버려진 아버지의 영혼	… 48
그리움의 샘에 엄마가 있었다	… 54
행복의 장작을 지필 때	… 59
절망이 언덕을 넘었다	… 63
슬픈 자화상	… 67
엄마가 떠나간 길	… 71

part 2
결코 잃어버릴 수 없는 것

어린 식모	… 77
그리움의 노래, 외로움의 기도	… 81
언 달빛이 나를 보았다	… 85
절망을 바스러지도록 밟았다	… 88
폐허에 밝혀진 불	… 91
다시 쓰는 일기장	… 94
슬픈 날의 초상	… 96
맑은 영혼의 눈을 뜨다	… 99
문학 속으로 들어가다	… 102
열일곱 탁아소 선생	… 105
기록하지 않는 하루는 죽은 하루다	… 109

part 3
살아온 날로부터의 자유

청송교도소와 나	… 115
또 다른 인간들의 세상	… 118
전국 교도소 유일의 처녀 강사	… 120
울음바다가 된 강의실	… 124
우리 모두는 누군가의 그리움이다	… 128
전국 최연소 교정위원	… 131
아버지가 운명하시다	… 137
책은 내 영혼의 보석	… 140
진정 인간이기를	… 144
사회보호법 반드시 폐지되어야 한다	… 149
눈물의 함성, 영원한 그리움	… 153
젖은 새 날다	… 157

part 4
하늘 문이 열리는 기적을 경험하다

내 심장의 우물에서 길어온 눈물 … 163
길이 없는 그곳에 기도가 길이다 … 167
얼음장 속 물고기 … 171
과외 선생님 … 175
운명 … 178
과녁을 빗나간 화살 … 182
닫힌 문, 열린 희망 … 186
천둥 같은 눈물을 쏟아낸 남자 … 190
하나님이 보낸 사람 … 195
기적의 학원 문을 열다 … 200
한 알의 밀알이 되어! … 204
하나님이 주신 선물 두 아들 … 209
인생에서 '만약'은 없다 … 215

part 5
절망과 죽음의 터널을 빠져나오다

슬픈 눈의 사슴이 되다 … 225
절망이 다가오는 소리 … 229
남편 심장을 훔친 마귀 … 234
목숨을 건 영적 전쟁 … 238
죽음의 강을 건너야 하네 … 243
아! 죽음보다 더 깊은 절망이여 … 247
악마가 삼켜버린 남편 영혼 … 251
벼랑 끝으로 몰고 가다 … 255
내 인생의 하늘이 무너졌다 … 260
작두 위에서 춤추던 남편이… … 265
회개의 강물에 영혼을 씻다 … 269
내가 죽어야 주님이 산다 … 273
죽음의 그루터기에서 다시 일어나다 … 276

part
1

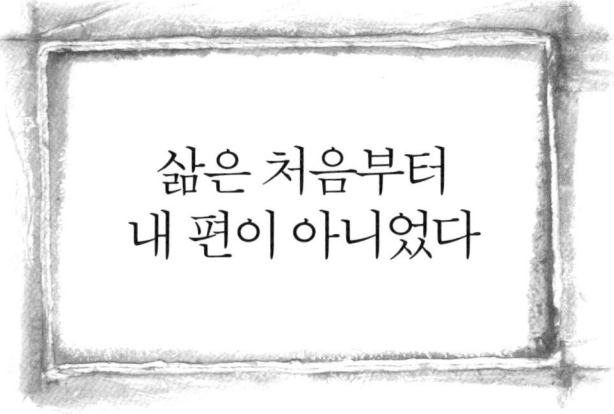

삶은 처음부터
내 편이 아니었다

슬픈 운명

어둠이 밀려온 어느 저녁, 엄마는 나를 굴뚝 대에 등을 기대어 앉혔다. 앙상하게 뼈만 남은 해골 같은 모습을 한 엄마는 말 없이 울고 있었다.

"엄마… 왜 울어? 응?"

"흑흑…"

엄마의 얼굴에 흐르는 눈물을 나의 작은 손으로 닦아주었다.

"순애야! 우리 순애야… 내 새끼 우리 순애. 흑흑…"

"엄마… 왜 자꾸 울어. 엄마! 어디가 아파. 엄마…"

"순애야… 내 새끼… 불쌍한 것…"

엄마의 앙상한 두 손이 내 볼을 만졌다. 내 눈에서 흐르는 눈물을 엄마가 닦아주었다.

"엄마가 자꾸 우니까 나도 눈물 나잖아. 엄마 그만 울어."

엄마는 나를 앙상한 당신 품속으로 꼭 안았다. 엄마의 가슴이 떨렸다. 엄마의 온몸은 마른 뼈만 남아 있었다. 아버지에게 너무도 많이 매를 맞고 죽은 사람처럼 의식을 잃었다. 하루 이틀 삼일을 깨어나지 못할 만큼 죽었다가 깨어날 때가 허다했다. 엄마의 목숨은 아버지 앞에서 바람 앞에 촛불이었다.

그 엄마가 집 뒤꼍 굴뚝 대에서 여느 때와는 다르게 나를 안고 깊은 눈물을 쏟아냈다. 엄마의 눈물이 어린 내 가슴에 새겨졌다. 그렇게 엄마와 나는 서로를 껴안으며 뜨거운 눈물을 흘렸다.

"순애야. 엄마는 이 세상에서 순애를… 흑흑흑…"

엄마는 말을 잇지 못하고 눈물만 앞세웠다. 엄마가 그날 밤 정녕 나에게 들려주고 싶었던 당신의 마음이 무엇이었을까!

"순애야… 엄마가 없어도 잘 할 수 있지? 잘 살 수 있지?"

바스러질 것 같은 육신을 억지로 지탱하며 엄마가 나에게 들려주고 싶은 진짜 이야기를 후에야 나는 알았다.

엄마는 꽃 같은 열여섯 살에 연지곤지 찍고 꽃가마 타고 시집 가던 날, 병환 중에 있던 당신 어머니의 손을 놓고 시집가던 날. 굵은 눈물을 뚝뚝 흘리며 우시던 어머니의 모습이 이생에서의 마지막이 되고 말았다고 했다.

"가서 잘 살으래이. 내 딸아! 니를 언제 다시 볼꼬."

그렇게 시집을 왔던 엄마는 보름 만에 남편이 일본징용으로 강제 입대하였다. 그 후, 십 년이 넘도록 생사조차 몰랐다고 한다. 자식도 없었다. 엄마는 시부모님 뒷바라지에 꽃 같은 인생 십 년을 보냈다.

그러던 어느 날, 엄마는 나의 아버지에게로 도망치듯 시댁을 나왔다. 아버지와 엄마는 나이 차이가 많았다. 아버지에겐 전처의 자식이 셋이나 있었다. 꽃 같은 엄마는 그 자식 셋을 키우며 당신 몸으로 아들 둘, 딸 하나를 낳고 억척같이 살았다. 그런데 미쳐버린 아버지는 살인자처럼 낫, 도끼, 칼 등 사람을 죽일 수 있는 연장은 뭐든지 들고 눈이 완전히 뒤집힌 채 무자비한 폭력적인 행동을 하며 이성을 잃어 버렸다. 가지런히 비녀 지른 엄마의 머리를 억센 주먹으로 움켜잡은 채 온 마당과 골목길을 끌고 다녔다. 알코올 중독자에 정신이상자인 나의 아버지, 고운 엄마를 향한 의처증까지 하늘을 찔렀다. 날마다 술로 살며 폭력적 행동을 한 아버지, 어린 나는 마귀가 아버지의 영혼을 갉아먹는 과정을 두려운 눈으로 지켜봐야만 했다. 아버지의 미친 행동이 한바탕 휩쓸고 간 자리엔 엄마는 죽은 자가 되어 있었다.

약하디 약한 엄마에게 날마다 주먹질과 발길질이 내리꽂혔다. 엄마는 맞고 의식을 잃었다. 나는 그 자리에서 피울음을 토해냈다. 시체처럼 늘어진 엄마 옆에서 목 놓아 울었다. 내 어린 날의 영혼은 처참히 내동댕이쳐졌다. 엄마는 내 정신적 힘이었다. 엄마와 나는 서로를 기대며 살아왔다. 그러나 이제 나의 엄마는 당신 목숨마저 위태로웠다.

엄마와 내 인생은 한데 묶인 운명처럼 함께 무너졌다. 정신 이상자인 아버지는 알코올을 방패삼아 당신 영혼을 파괴했다. 마치 인간이란 이름을 바다에 내던지듯이 인간이 할 수 없는 짓을 했다. 그런 아버지로 인해 우리 집엔 나 말고 모든 자식들은 다 각자의 길을 찾아 집을 나가버렸다.

가장 막내이고 어렸던 나만 죽어가는 엄마 옆에서 절망하고 있었다. 내 생명의 끈은 굶주림과 공포 속에 매달려 있었다. 고단한 삶을 살았던 엄마, 허리가 끊어질 듯 온종일 지친 몸, 누울 때마다 그냥 이대로 죽었으면 하시던 말이 내 목젖에 걸렸다.

아버지의 폭력으로 갈비뼈가 부러진 엄마는 의식이 깬 후, 밤마다 변소에서 퍼 올린 물을 가재위로 부어 걸러내어 그 물을 약이라고 먹었다. 마지막 실오라기 같은 희망을 붙잡았던 엄마는 통곡하며 삶의 줄을 잡았다. 그 밤에 영문을 알 수 없는 눈물을 쏟아내며 목 놓아 불렀던 그 눈물이 내게 준 당신의 마지막 사랑이었다. 엄마는 나를 버리고 아버지 몰래 도망을 갔다.

"불쌍한 우리 순애. 순애야… 순애야…"

죽음 같은 절망

내 어린 날의 희망의 문은 그렇게 닫혔다. 나의 엄마는 모진 세월을 운명처럼 껴안으며 달려온 길을 놓아버렸다. 굴뚝 대에서 나를 당신 가슴에 안고 통곡하였던 나의 엄마는 이미 결심한 뒤였다. 그리고 죽음 같은 길을 떠났다. 엄마가 나를 버리고 가버린 뒤, 버림받은 열 살 박이인 내가 살아내야 할 길은 아무 것도 보이지 않았다. 내 마음의 하늘이 무너져버린 죽음 같은 절망 외에는 아무 길도 내겐 남아있지 않았다.

이 아찔한 현실은 내가 선택한 삶이 아니었다. 나는 그냥 버려진 존재가 되어버렸다. 어린 내 삶에 남겨진 실오리 같은 희망의 줄이 있다면 나는 잡고 싶었다. 나는 왜 버려져야 하는지 내가 아는 것은 아무 것도 없었다. 무서운 아버지, 불쌍한 엄마, 나는 그 사이에 있었다. 나는 타박타박 죽음 속에서 삶을 향해 걸어 나왔다. 아무리 걸어도 여전히 절망 속에서 빠져나오질 못했다.

내 속에서 한 기둥이 무너졌음을 알았다. 지금까지 내가 기댔던 바로 그 기둥이 나의 엄마였음을 알았다. 나도 모르게 내 속에서 비명이 터져 나왔다. 어린 내게 전부였던 나의 엄마가 나를 버리고 간 날, 엄마와 함께 살았던 수많은 날들의 기억들, 삶의 끝에서 언제 죽음의 나락으로 곤두박질 칠 줄 몰랐던 시간들, 곡예사의 줄타기처럼 위태로웠던 나의 엄마의 목숨. 그 엄마의 목숨이 살아서 도망갈 수 있었음에 오히려 감사를 해야 할까!

"엄마… 엄마… 엄마!"

입에서 슬픔이 터져 나왔다. 고통이 너무 크면 입이 터지기 전에 정신이 먼저 길을 잃는다. 뇌가 믿을 수 없기에 받아들이지 않는다. 이렇게 산산조각이 나 버린 내 어린 날의 삶은 몸보다 마음이 먼저 무너져 내렸다. 열 살 박이 어린 가슴에 굳게 닫혀버린 희망의 문은 찰칵 소리 내며 안으로 굳게 잠겨버렸다. 내 슬픔을 다 알고 있는, 보고 있는 바다에게 묻고 싶다. 그리움으로 가득 채워진 엄마를 향한 내 마음을…

"엄마! 엄마! 왜 나는 안 델꼬 갔어. 엄마… 엄마! 왜 혼자 갔어? 어… 엄마… 나는 인제 어떡하라고. 엉엉엉… 엄마… 엄마…"

어둠이 바다를 덮었다. 시커먼 바다 위에 달빛이 출렁거렸다. 내 작은 몸이 바다 그 어둠 속으로 사라져 버려도 세상은 아무도 모른다. 나는 그런 존재였다. 살아있어도 죽은 존재. 아는 이가 없는 존재. 그 버려진 아이가 나였다. 내 생명은 이 땅에 왜 태어났을까! 이토록 가치 없이 버려질 생명이 살고 싶다는 몸부림으로, 힘겨운 걸음을 내딛을 때마다 내 속에서 눈물이 되어 터져 나오는 그 이름 엄마!

"엄마, 엄마! 지금 어디에 있어? 흑… 엄마가 죽으러 갔다면 나도 함께 죽을 것이고, 엄마가 살러갔다면 나도 같이 살면 되잖아. 엄마…"

아무리 소리 질러 울어도 듣는 이가 없는 눈물. 이 땅에 버려진 생명의 목숨 건 절규. 목젖이 끊어지도록 내 운명 앞에서 울고 있었다.

"으악… 으악…"

저 먼 곳에 등대의 불빛이 보인다. 내게 던져 준 한 점 희망의 불빛!

"엄마… 엄마…"

등대를 향해 외쳤다. 아무리 몸부림을 쳐도 지금 내 눈앞에 놓여진 이 슬픔은 변하지 않을 것을 알았다. 옛 기억을 잡으려는 희망을 놓아야 했다. 엄마는 내 마음속 그리움의 영정이 되어 남았다. 이제 엄마와 나의 운명은 나누어진 것이다. 이것을 받아들여야 내 슬픔이 가라앉는다. 나는 아버지가 무서웠다. 엄마가 도망을 갔듯이 나는 바다에서 밤을 샜다. 엄마의 눈물이 담긴 바다를 떠날 수 없었다. 그 밤, 바다에서 달빛으로 기둥을 세우고 바람으로 지붕을 덮었다. 내 인생의 새 집을 지었다.

이대로 죽을 수는 없었다. 내가 살아있으면 언젠가 엄마를 만날 수 있으리라고 믿고 또 믿었다. 울고 싶으면 울어야 산다. 슬픔을 밑바닥까지 다 토해내면 비로소 희망을 담을 수 있다고 나는 내게 말했다.

"엄마, 음마, 보고 싶어."

울 기운도 눈물도 모두 메말라 버렸다. 이따금씩 방파제에 부딪치며 부서지는 파도가 내 몸을 향해 떨어지곤 했다. 금방이라도 나를 삼켜버릴 듯한 파도에 몸을 떨었다. 검정 고무신을 벗어두고 얼기설기 놓여진 방파제 위에 앉은 내 몸에 바닷바람이 살갗을 파고 들었다. 내 눈앞이 어둠뿐이듯 세상은 암흑으로 덮였다.

깡통 든 거지

내 나이 다섯 살 즈음, 아버지는 배를 타고 고기 잡으러 가고, 집에는 먹을 것이 없었다. 엄마는 나보다 여섯 살이 많은 오빠와 나를 데리고 이 바다에 왔다. 엄마는 옹기종기 모여 있는 돌들에게 붙어서 자라고 있는 바다 해초를 따러 왔다.

"우리 순애는 여기 모래밭에 가만히 앉아 있어야 한다."
"싫어. 엄마 따라 나도 뜯을 거야."
"너는 아직 어려서 못 뜯어. 여기 있어야 돼."

나를 모래밭에 앉힌 엄마는 오빠에게 그릇을 주며 거기에 뜯어 담으라고 했다. 오빠는 바지를 적시며 물속을 들여다보며 무언가를 뜯어서 그릇에 담았다. 엄마도 더 많이 미역 줄기처럼 긴 해초를 뜯어서 오빠의 그릇에 담았다.

어느 새 나는 모래밭에서 일어나 바다 속으로 살금살금 들어갔다. 엄마와 오빠는 하는 일에 몰두하여 내가 바다 속으로 들어가고 있다는 것을 전혀 몰랐다. 바닷물이 어린 내 몸 허리까지 왔다. 내 발 앞에 놓인 작은 돌에 미역 줄기 같은 것이 물결 따라 움직였다. 너무도 신기했다.

"이렇게 가까이에 붙어 있구나. 이런 것은 나도 딸 수 있어."

물이 얼마나 맑은지 손만 뻗으면 금방이라도 그 미역 줄기를 딸 수 있을 것만 같았다. 나도 모르게 손을 물속으로 집어넣어 움직이는 바다해초를 잡으려는데 손을 더 깊이깊이 뻗어야만 잡힐 것 같았다. 그 깊은 바다 속으로 손을 쑥 내밀었다. 어느 새 내 팔뿐만이 아니라 얼굴까지 물에 잠겼고 그대로 물속으로 몸이 미끄러지듯 빨려 들어갔다.

악! 소리도 내지 못한 채 작은 내 몸이 바다 속으로 들어가 버렸다. 그대로 정신을 잃고 말았다. 엄마는 해초 뜯느라고 나를 보지 못했다. 열한 살 오빠가 무심코 고개를 들었는데, 어린 내가 이미 바다 위에 붕 떠서 죽어가고 있더란다. 오빠가 기겁을 하듯이 놀라 소리쳤다.

"엄마. 순애가. 순애가… 엄마, 저기 봐 저기."

오빠가 달려와서 나를 안고 모래밭으로 나갔다.

"엄마, 순애 좀 봐."

오빠가 소리를 쳤다. 엄마가 놀라서 달려와 새파랗게 넘어가는 나의 입술을 빨아 당겨서 먹은 바닷물을 토해내도록 인공호흡을 했다. 엎어서 등을 두드리며 엄마는 다급하게 말했다.

"순애야. 얼른 토해내. 얼른, 얼른 토해내야 산다."

그때였다.

"으악! 으응… 엄마! 엄마! 으앙…"

나는 그제서야 울음이 터졌다.

"내가 뭐라 카드노. 여기 모래밭에 가만히 앉아있으라고 했제."

"엄마, 앙…"

"아이고 우리 순애. 인제 괜찮아. 울지 마. 인제 살았다. 하마터면 우리 이쁜 딸을 바다가 삼켜버릴 뿐했제."

그때까지도 나는 엉엉 울기만 했다.

바로 그 바다! 엄마의 목소리가 파도 속에서 들려올 것만 같다.

"순애야. 이 늦은 밤에 와 바다에 혼자 앉아있노. 어서 집에 가자."

나는 벌써 엄마의 따뜻한 등에 업혔다.

"우리 순애는 혼자 자꾸 바다에 나오면 안 된다. 파도가 우리 순애 잡아먹었으면 우짜노. 순애야. 우리 순애야."

"엄마…"

온몸에 기운이 다 빠지고 걸음마저 비틀거렸다. 나는 바다에서 살아나왔다.

고픈 배를 채우기 위해 사람들이 사는 마을로 뚜벅뚜벅 걸어갔다. 밥그릇으로 깡통을 주웠다. 그 깡통을 들고 대문 앞 쓰레기통을 뒤지며 다녔다. 어떤 집 부엌 앞 구정물 통에서 썩은 냄새가 나는 음식 찌꺼기를 건져 손바닥으로 훑어 빨아 먹었다. 눈앞이 빙빙 돌더니 다리가 벌벌 떨렸다. 배고픔을 채울 수 있다면 무엇이든지 다 먹을 수 있었다.

몸에서 식은땀이 나더니 그 자리에서 풀썩 주저앉고 말았다. 그때부터 구토가 일어났다. 나는 길가에 주저앉아서 내 입으로 끌어다 넣었던 것을 꾸역꾸역 다 토해냈다. 눈물도 함께 났다. 창자가 끊어지는 것 같았다. 내 입에선 저절로 '엄마… 엄마…'가 눈물과 함께 나왔다. 모두들 잠든 깊은 밤에 나는 어떤 집 부엌문을 열고 들어가 아궁이 앞에서 쪼그리고 앉아 깜빡 잠이 들었다. 온몸이 녹아내리듯 무너졌다. 차디찬 가슴에 온기를 처음 느꼈다. 그 집 애들이 방안에서 잠든 모습은 내가 닿을 수 없는 곳. 꿈속에서도 이루어질 수 없는 일이었다.

몇 시간을 시체처럼 늘어져 누웠던 나는 새벽이 밝아오기 전에 그 집을 도망쳐 나왔다. 나는 남의 집 부엌 잠을 자는 것만으로도 내 몸이 살 것만 같았다. 이튿날에도, 그 이튿날에도 온종일 낮에는 길거리를 돌아다니다 밤이 되면 그 부엌 아궁이를 찾아갔다.

아궁이 앞에서 잠들다

그러던 어느 날, 그 아궁이 앞에 식은 밥 한 그릇이 된장 국물에 말아서 바가지에 덮여 놓여있는 것이 아닌가. 나도 모르게 눈물이 쏟아졌다. 그 밥그릇을 들고 꾸벅 절을 했다. 나의 눈물도 같이 말아서 먹었다. 이 부엌에서 밤을 보낼 수 있도록 알고도 모르는 척 해주시는 것만으로도 감사한데 이렇게 밥까지 챙겨주신 주인아주머니의 고마운 마음이 느껴져 눈물이 났다.

"자네는 알아?"

"무얼요?"

"아니. 저 순애네 엄마 말이야."

"예. 순애엄마. 알지요."

"인물이 반반하게 생겼잖아."

"예. 그렇지요."

"저 어린 것이 길바닥 거지가 되도록 버리고 간 걸 보면, 어떤 젊은 남자랑 눈이 맞아서 간게 맞나 봐."

"그럴 리가요. 그 착한 사람이…"

"맨날 늙은 영감 같은 신랑에게 매만 맞고 살았잖아. 나 같아도 도망가겠다."

"그러게요. 저런 애를 버리고 간 걸 보면 형님 말씀이 맞는 것 같기도 하네요."

"그렇다니까. 그나저나 순애 쟈는 이제 어쩌누."

담벼락을 짚으며 걸었다. 그 자리에 금방이라도 주저앉을 것 같았다. 나를 알아보는 사람들은 엄마의 흉을 보았다. 그때마다 나는 동네 아주머니들을 노려보았다. 나는 엄마를 욕하는 사람들을 용서할 수가 없었다.

너무도 배가 고팠다. 점점 몸과 마음이 무너져 갔다. 주인 없는 집을 찾아다니며 먹을 것을 훔쳐 먹었다. 음식찌꺼기를 건져 먹으러 온통 쏘다녔다. 사람들이 나를 보고 얼마 못 살겠다는 말을 했다.

"순애 니 눈알이 와 그리 노랗노? 니는 아나?"

나는 그냥 고개를 저었다. 어느 가게 유리창에 비친 내 모습을 처음 보았다. 까치집을 지은 머리와 새까맣게 때가 연탄 가루처럼 뒤덮인 얼굴에 정말 눈알이 노랗고 누렜다. 황달이라고 사람들이 말했다.

"순애 니 이카다가 너그 엄마도 못보고 죽는다."

"엉엉."

나는 그 자리에서 울었다.

어느 담장 밑 양지쪽에 앉아 햇볕을 쬐었다. 속울음을 삼키며 엄마를 불렀다.

엄마가 도망 간 후 학교를 간 적이 없다. 그냥 길거리를 떠돌아다녔다. 남의 집 헛간에서 웅크리고 앉아 밤을 보냈다. 낮에는 이리저리 돌아다니면서 먹을 것을 찾아 헤매다 밤이 오면 비바람을 막아줄 곳을 찾아 숨어들었다. 내가 어디에서 밤을 새워도 내 마음속에는 엄마에 대한 그리움으로 가득 차 있었다. 엄마가 나를 데리러 올 때까지 나는 살아야 했다.

빈 들판을 헤매 다니며 마른 배추 잎을 뜯으며 비틀어져 버린 무를 주워 먹었다. 허기진 배를 채우기 위해 나는 무엇이든 먹었다.

어느 집 대문 앞이었다.

"저… 배가 고파요. 밥 조금만 주세요."

"내 묵을 밥도 없는데 니 같은 거지한테 줄밥이 어디 있노."

"…"

"그래도 야가 안가네. 저리 가!"

나는 아무 말도 못들은 것처럼 깡통을 든 채 그 자리에 서 있었다. 갑자기 아주머니가 나의 등짝을 세게 때렸다.

"안 그래도 힘든데 재수 없게 이런 거지까지 나를 무시하는 기가."

"엄마… 엄마…"

그날 밤 부엌 아궁이 앞에서 밤을 새운 그 집을 찾아들어갔다. 언제나 주인아주머니께 고맙다는 마음을 속으로만 삼켰다. 나는 사람들이 무섭고 세상이 무서웠다. '엄마는 어디에 있을까. 아! 엄마는 나를 생각하고 있을까!'

"엄마… 엄마… 흑흑… 엄마!"

나는 그 부엌 아궁이 앞에서 엄마를 생각하며 웅크리고 누워 잠이 들었다. 꿈속에서라도 보고 싶은 엄마를 만날 수 있을까!

악마가 삼킨 아버지 영혼

내가 태어나기 전부터 아버지는 줄곧 고기잡이배를 탔다. 한 번 나가면 열흘이나 보름정도씩 바다를 떠다니다 들어오곤 했다. 어느 날 아버지가 타고나간 배에 불이 났다. 스물다섯 명 선원이 시체더미가 되어 정박된 배에서 죽은 사람들을 끌어내렸다.

"순애야. 니 아부지가 죽었단다. 흑흑…"

엄마는 연신 눈물을 흘렸다.

넓고 긴 선착장은 곳곳에 흰 광목이 사람들의 시체를 덮고 있었다. 죽은 줄로만 알았던 나의 아버지는 다행히도 단 한 명의 생존자로 구조되어 병원에 누워있었다.

살아남아 돌아온 아버지는 그 후 다시는 배를 탈 수 없었다. 결국 그 충격으로 인해 얻은 아버지의 정신이상 증세는 우리 가정을 큰 불행의 늪으로 빠뜨리고 말았다. 불안과 공포에 시달려 맨 정신으로는 견딜 수 없었던 아버지는 아침부터 눈만 뜨면 술 가져오라고 큰 소리를 고래고래 질렀다.

"순애야. 술 사와라. 술."

아버지는 술을 사오기도 전에 먼저 취해버린 사람처럼 고함을 질렀다.

"예. 아부지. 얼른 갔다 오겠심더."

"허구헌 날 눈만 뜨면 술만 찾습니꺼!"

"이년이 뭐라카노."

방문턱에 걸터앉아 술 사오라고 소리 지르던 아버지는 맨발로 부엌으로 뛰어갔다.

"니 지금 그 말을 다시 한 번 지껄여봐라. 주댕이를 확 찢어 부릴 끼다."

엄마는 아버지에게 머리채를 잡힌 채 마당으로 끌려나갔다.

"아버지. 엄마 때리지 마이소. 엄마… 엉엉…"

엄마는 아버지의 막무가내의 행동에 질질 끌려 머리채가 한 줌 뽑히고서야 풀려났다.

"엄마… 엄마, 괜찮나? 엉…"

엄마는 말이 없다.

"이놈의 가시나. 아직도 술 사러 안 갔나!"

아버지의 큰 소리가 온 동네를 쩡쩡 울릴 때, 나는 허겁지겁 술집으로 달렸다.

"아줌마예. 울 아버지가 술 한 병 달라합니다."

"돈 있나? 술을 살라카믄 돈을 가지고 와야제. 맨손으로 우째 술을 사노."

"…"

"한두 번도 아이고 누구는 땅파가 술장사 하나."

"이번만 주이소. 술 안 사가면 아부지한테 맞아 죽습니더."

굳은 표정인 아주머니가 술 한 병을 내밀었다.

"니 엄마한테 캐라. 술값을 한꺼번에 다 갚으라꼬."

나는 안 들리는 소리로 대답하고는 그 술병을 받아들고 집으로 뛰었다.

아버지는 정신만 이상한 것이 아니다. 곱고 예쁜 엄마를 다른 아저씨와 눈이 맞았다고 하면서 무지막지하게 때렸다.

"이년. 대답해라. 니가 그 놈하고 무슨 짓을 했는지."

엄마의 얼굴에 재떨이를 던져서 피가 흐르고 있었다. 엄마는 피가 뚝뚝 흘러도 놀라거나 어떤 조치를 하지 않았다. 돌부처처럼 굳어버린 몸으로 앉아만 있었다. 아버지는 계속 엄마를 윽박지르면서 사실을 말하라고 하면 엄마는 아버지의 미친 행동과 무서운 폭력 앞에 영혼이 떠나버린 사람처럼 앉아있었다. 아버지의 의처증 증세는 갈수록 더 심해졌다.

엄마는 아버지에게 어떤 폭력을 당해도 꿈쩍도 하지 않았고 비명 한 번 지르지 않았다. 온몸으로 그 매를 다 맞고 그 자리에서 기절하였다. 며칠 씩 일어나지 못하도록 맞고 또 맞았다.

며칠 만에 겨우 깨어난 엄마는 온몸이 성한 데가 없었다. 그런 몸으로 엄마는 아버지를 위해 따뜻한 밥을 지어 밥상을 차려 올렸다. 어느 날, 엄마와 단 둘이 있을 때 물어보았다.

"엄마. 말해봐라. 아프면 도망가제 와 맞고 가만있노. 엄마는 안 아프나?"

"와 안 아프겠노."

"그라믄 도망가지. 계속 맞고 있으니께 쓰러지제. 엄마. 인제 계속 맞고 있지 마라. 자꾸 맞으면 엄마 죽는데이."

갑자기 엄마가 눈물을 흘렸다. 나는 깜짝 놀랐다.

"엄마. 와 우노. 나는 엄마가 걱정돼서 말한 긴데."

"순애야."

눈물 젖은 눈으로 엄마가 나를 불렀다.

"와 엄마."

그때 엄마가 들려주었던 이야기다. 엄마는 아버지에게로 오기 전 첫 남편을 기다리며 시부모님을 모시고 살았던 그때를 회상하고 있었다. 밤 열두 시가 넘어 시아버지가 잠든 줄 알고 옷 보따리 하나만 안고 집을 몰래 빠져나와 동네 아주머니와 약속한 장소 당산 나무 아래로 달려갈 동안 쿵쿵 거리던 가슴을 지금껏 잊지 못하고 살아왔노라고… 그러나 잠든 줄만 알았던 시아버지는 보따리를 가슴에 안고 야반도주하는 과부 며느리의 뒷모습을 보며 한 없이 울었다는 것이다.

죽음보다 더한 운명

구룡포에서 전처의 자식 셋을 키우며 아버지에게 매를 맺으며 살고 있던 어느 날 오후, 흰 두루마기를 입고 저만치 마당 입구에 서계신 시아버지와 마주쳤다는 것이다. 엄마는 마치 꿈을 꾸는 줄 알았단다. 꿈속에 시아버지가 나타난 줄 알 정도로 기겁을 했단다. 하마터면 뒷걸음질로 벌렁 넘어질 뻔하였다한다. 죄인이 되어 차마 시아버지 앞에 고개를 들 수 없었던 엄마. 못된 며느리 앞에 나타난 시아버지는 그러나 목젖이 눈물에 젖어 있었다.

"아가야. 먼발치서라도 니를 한 번 보고 죽어야지 생각하고 여기까지 왔다."

"아가. 니가 이런 곳에 와서 남의 자식 키우며 이런 고생할 줄 알았으면 내가 진작 니를 좋은 곳에 보내 줄 것인데… 내가 잘못했다. 아가야. 나를 용서해다오. 이 시애비는 니만 믿고 살았다. 나는 니만 믿었다. 흑흑…"

"아버님 용서해주이소. 흑흑…"

"아가야. 그래 갔으면 잘 살아야지. 아까운 아가야. 다 내가 잘못했구나. 니는 내 자식보다 더 귀한 며느리였다. 나는 니가 희망이었다. 이젠 내게 아무런 희망이 없어졌구나. 니를 봤으니 이제 내가 눈을 감아도 여한이 없다."

그러고 시아버지는 돌아가셨다.

엄마는 아버지한테 매 맞을 때마다 시아버지의 모습이 떠올랐단다. 주체하지 못하도록 흐르는 눈물을 닦으며 돌아서시던 시아버지의 모습을 떠올리며 그 매를 참는다고 하였다. 엄마는 '나는 죄인이다.'라는 생각을 떠올리며 살아왔단다.

그 후 엄마는 우리 삼남매를 낳아 기르면서도 매일 하루 일용직으로 그날그날을 품팔이로 어린 자녀들을 먹여 살렸다. 어느 날, 술가게 집 주인아주머니가 찾아왔다. 엄마는 그 아주머니 앞에 연신 고개를 숙이며 죄인처럼 말을 못했다. 한참을 술집 아주머니의 억센 욕을 얻어먹은 엄마는,

"예, 알겠심더. 꼭 그리하겠십니더."

주인아주머니는 당당하게 돌아갔다. 엄마는 그때부터 아버지가 갖다 먹은 술 외상값을 몸으로 갚으러 갔다. 나는 엄마 치맛자락을 붙잡고 그 가게 안 깊숙한 마당까지 따라 들어갔다. 앞치마를 두른 엄마는 온종일 그 집 이불 빨래를 했다. 마루에 걸터앉아 점심을 먹을 때면, 한 그릇 수북이 담긴 밥그릇을 엄마 옆에 있던 내가 다 먹었다. 주인아주머니가 어른 밥을 눈 하나 깜빡이지 않고 걸신들린 거지처럼 다 먹어치우는 나를 보고 기가 차했다.

"아니. 이 쪼그만 아가 이 밥을 다 먹어?"

벌린 입을 다물지 못했다.

"도대체 애를 며칠을 굶긴 거야?"

"…"

"엄마. 엄마는 밥 없잖아?"

"엄마는 괜찮아."

"엄마는 배 안 고파?"

"응. 엄마는 배 안 고파."

나는 그 말이 정말인줄 알았다. 엄마는 안 먹어도 배가 안 고프고, 맞아도 안 아프다는 엄마의 말을 그때는 정말 믿었다. 이튿날에도, 삼일 째에도 엄마는 술집의 일을 했다. 나는 언제나 엄마 옆에 있었다. 어느 날 엄마가 술집의 일을 하다가 울었다. 안마당에서 일을 하고 있는 엄마를 주인아주머니가 불렀다.

"순애 애미야. 이리 와 봐라."

"예? 저요?"

"그래. 이리 와 봐라."

엄마가 가게 안으로 들어갔다.

"니 여기에 좀 앉아봐라."

엄마는 기겁하듯이 놀랐다. 남자들이 둘러앉아 술을 따라 먹는 그 옆으로 엄마에게 앉으라고 한 것이다.

"안 됩니더. 지는 이런데 얼씬하면 순애 아부지한테 맞아서 죽습니더."

"니 저기서 죽도록 일하나, 여기 앉아서 술 따라주나 하루 일당은 똑같데이. 그러니 뭐할라꼬 죽도록 힘든 일 할라 카노. 여기 앉아서 술 따르는 기 낫제."

"아닙니더. 지는 들어가서 하던 일 마저 할랍니더."

엄마가 몸을 돌이켰다.

"어이 아지매. 여기 앉아서 술 한 잔 따라보소. 같은 값이면 이쁜 아지매가 술을 따라주면 술 맛이 더 있제. 안 그런교?"

"맞다. 그 말이."

"인물 반반하다고 빼는 갚네."

술을 마시던 남자 서너 명이 엄마에게 한 마디씩을 했다. 엄마는 가게 문을 열고 안마당으로 뛰어왔다. 이마에 식은땀이 방울방울 맺혔다. 잠시 후, 엄마는 마당 모퉁이에 쭈그리고 앉아서 두 팔 사이로 고개를 푹 떨구고 한 없이 울고 있었다.

"음마. 울지 마. 응? 음마."

나는 울고 있는 엄마 팔에 매달렸다.

눈물은 산 자만이 흘릴 수 있다

날이 저물 때 엄마는 나를 업고 집으로 왔다. 아버지를 위해 저녁상을 차리려고 부엌에서 나무를 꺾어서 불을 지폈다. 그때 아버지가 지게 작대기를 들고 뛰어 들어와 엄마를 내리쳤다.

"이년. 니가 오늘 어떤 놈하고 눈 맞추고 왔다며. 그 놈하고 무슨 짓했노. 에이 죽일 년. 뒈져도 싸지."

이성을 잃어버린 눈빛으로 긴 지게 작대기를 엄마에게 내리쳤다. 엄마가 입에 거품을 물고 고꾸라졌다. 온몸이 발작이 일어나듯이 두 발을 바둥바둥 거렸다. 굵은 방울의 거품이 입 밖으로 침이 되어 흘렀다. 두 팔이 무언가를 잡으려고 허우적거리다가 갑자기 온몸이 멈춰버렸다. 엄마 얼굴의 경련도 멈췄다. 허우적대던 두 팔도 멈췄다. 엄마가 죽어버렸다.

순간 하늘이 무너지는 충격을 받았다.

"엄마! 엄마! 안 돼. 엄마 죽지 마. 엉엉… 엄마… 엄마… 나는 어떡해. 엄마. 죽지 마."

나는 엄마의 몸 위에 엎드려 통곡을 했다. 엄마는 죽은 시체처럼 삼일을 그 부엌바닥에서 깨어나질 못했다. 그때 나는 내 작은 몸으로 엄마의 싸늘해지는 몸을 반쪽씩 덮었다. 아니 포갰다. 엄마 곁에서 떨어질 수가 없었다. 숟가락으로 엄마의 입에 따뜻한 물을 떠 넣어도 넘어가지 않고 흘러버렸다. '엄마가 이대로 죽어버리면 어떡하나.'를 수백 번 아니 수천 번은 생각했다.

우리 집 아래에 사는 떡집 할머니 집으로 달려갔다.

"할매요. 으응. 엄마가…"

"와. 니 아부지가 또 때렸나? 엄마를?"

"예. 으으응…"

팔순 할머니가 무거운 몸으로 방문턱을 넘어 고무신에 발을 집어넣었다.

"울지 마라 순애야. 이리온나."

"으응… 엉엉…"

할머니는 나를 안아주셨다.

"너거 엄마가 하루 이틀도 아니고, 이래가 우짜 살겠노. 쯧쯧…"

"예… 으응…"

"불쌍한 것. 어여 가서 너거 엄마 따수 것 덮어줘라. 불쌍한 너거 엄마 우짜노."

평소 엄마가 친정엄마를 기대듯이 떡집 할머니를 좋아했다. 나도 모르게 엄마에게 무슨 일이 일어나면 맨 먼저 그 할머니께 달려갔다.

"니 밥은 묵었나?"

"아니…요"

"이 떡 무라. 밥보다 낫다. 배가 든든할 끼다."

어떤 때는 팔다 남은 떡 쪼가리를 주셨다.

집에 돌아온 나는 엄마 옆 부엌 바닥에서 내 작은 몸으로 엄마의 이불이 되었다. 덮어줄 것이 없었다. 우리 집엔 헌 옷이라곤 없었다. 방에 이불이 한 개 뿐인 것을 흙바닥인 부엌으로 갖고 나올 수가 없었다. 부엌에 세워진 나뭇잎, 솔잎으로 의식을 잃어버린 엄마의 몸을 덮었다.

"엄마. 살아나야 돼. 엄마 죽지 마…"

나는 엄마의 손가락을 이대로 굳지 않도록 펴고 또 폈다.

삼일 째가 되었다. 기적처럼 굳어진 엄마의 몸에 작은 움직임을 느꼈다. 손가락이 꼼지락거렸다.

"어! 엄마! 엄마! 엄마!"

큰 소리로 엄마를 불렀다. 굳게 감긴 엄마의 눈이 뜨기도 전에 두 눈에서 눈물이 눈꼬리를 타고 흘러내렸다.

엄마가 살아났다는 사실을 눈물로 알았다. 엄마는 엄마의 운명을 짓눌렀던 죽음의 무게를 힘껏 걷어찼다. 마치 죽은 시체에 하나님이 생기를 그 코에 불어넣은 듯, 엄마의 창백했던 얼굴에서 멈춘 근육들이 기지개를 펴고 활동을 시작한 것이다. 순간 엄마가 눈을 떴다. 눈물이 가득 고인 두 눈에서 쉬임 없이 당신의 살아있는 심장을 눈물로 쏟아냈다.

"순애야."

"엄마… 엄마! 으음마…"

나는 엄마의 얼굴에 내 얼굴을 갖다 댔다. 내 뜨거운 눈물과 엄마의 눈물이 하나가 되었다. 숨죽이며 엎드린 내 입이 통곡으로 열렸다.

"엄마… 엄마… 엄마…"

엄마가 살아났다는 안도감의 감격이다. 엄마가 쓰러졌을 때의 눈물과는 다른 눈물이다.

"순애야… 내 새끼."

엄마가 나를 당신 가슴에 안았다. 엄마 품속에 안긴 나는 작은 아기사슴 같았다. 내 눈에는 엄마가 살아난 감격이 눈물이 되어 흘렀다. 엄마의 눈물은 당신 인생을 죽음으로 몰고 가는 운명을 거부하는 눈물이었다.

엄마는 내게 주어진 운명을 이대로 받아들일 수는 없다는 것을 눈물로 고백했다. 당신의 운명 앞에 당당히 맞서겠다는 선언을 하듯이 엄마는 3일간 누운 자리에서 일어났다. 몸은 비틀거리며 기운을 잃었지만 눈빛만은 힘을 주었다. 나는 엄마의 지팡이가 되었고, 엄마는 나를 짚고 부엌문턱을 넘었다. 햇살 앞에서 얼굴을 찡그렸다. 눈을 잘 뜨지 못했다.

엄마는 당신 인생이 눈부신 햇살 앞에 설 수 없는 어둠의 인생임을 알았음이라. 남들처럼 햇살 앞에 당당한 삶이 되지 못한 것에 마음이 무너지는 것 같았다. 엄마는 나를 꼭 안았다. 그리고 내 얼굴과 마주하고 눈높이를 맞추더니 당신 얼굴을 내 얼굴에 갖다 대었다.

"우리 딸…"

엄마가 웃었다. 순간 내 얼굴도 환해졌다. 엄마의 눈빛은 '니가 있어서 엄마는 살고 있어.'말하는 것 같았다. 꾹꾹 눌러놓은 슬픔의 상념들을 애써 누르는 엄마를 보았다. 삶의 밧줄을 잡고

자 엄마는 나를 붙잡았다. 엄마의 삶에는 지팡이가 필요했다. 그게 나였다. 그 날 엄마의 눈빛에서 나는 알았다. 나는 환하게 웃어보였다. 엄마도 따라서 웃었다. 우린 말없이 새끼손가락을 걸었다. 웃음과 새끼손가락을 거의 동시에 걸었다. 우린 그렇게 삶을 약속했다.

아버지가 방문을 휙 열었다. 며칠 만에 아버지와 엄마는 처음 서로를 보았다. 나는 두 얼굴을 번갈아 보았다.

"저년이 살아났군. 흠."

다시는 보고 싶지 않은 그 무언가를 본 것처럼 엄마는 얼굴을 돌렸다. 그 사이로 바람이 한 줄기 지나갔다. 엄마는 산 자의 의무를 다하기 위해 어디론가 걸어갔다. 아버지는 방문을 꽝 닫았다.

엄마의 처절한 삶에 바치는 눈물

엄마는 당신 인생의 독백을 혼잣말처럼 했다. 엄마의 한숨 속에는 당신 마음의 고랑마다 쌓여온 한 많은 눈물 자국이 내뿜어졌다. 나뭇단을 머리에 이고 집으로 내려왔다. 밥솥에 물을 붓고 불을 지폈다. 집에 밥 지을 쌀이 없을 땐 엄마는 빈 솥에 물을 반 솥 붓고 불부터 땠다.

남들이 볼 때 굴뚝에 연기가 안 나면 창피하다고 했다. 그리고는 그 떡집 할머니 집에 식은 밥이라도 좀 얻어 오라고 나를 보냈다. 식은 밥을 얻어오면 아버지를 드리기 위해 찬밥을 데웠다. 그 다음엔 나를 먹였다. 엄마에겐 밥이 남겨져 갈 것이 없었다.

"엄마는 괜찮아. 엄마는 배 안 고파. 어여 우리 순애 먹어."

어느 날, 아버지가 술을 먹고 밤늦게 집으로 왔다. 다짜고짜 방문을 열고 신발을 신은 채로 오른손에 낫을 들고 방안으로 뛰어 들어왔다.

"이년. 니가 무슨 짓을 했는지 온 동네 사람들이 다 안다. 이년 내 손에 죽을 년."

엄마와 나는 비명을 질렀다.

"엄마. 안 돼!"

그때 엄마가 부엌으로 난 아주 작은 문, 작은 밥상 겨우 들어오는 문으로 도망을 쳤다. 엄마는 나를 잡아당겼다. 나도 그 문으로 빠져나갔다. 맨발로 집 뒷산으로 뛰기 시작했다. 캄캄한 밤중이라 보이는 것은 없지만 그 산을 너무도 잘 알기에 무조건 뛰었다. 우뚝우뚝 서 있는 소나무 사이로 온통 돌과 나무뿌리를 맨발로 뛰면서 칼돌을 밟았다. 그 높은 산을 넘어서 아버지가 못 쫓아오게 도망을 가다 보니 마침내 화장터 큰 굴뚝이 보이는 산 계곡까지 뛰었다. "저 굴뚝에 연기 나는 것은 누군가 하늘나라로 올라가는 거야."라고 하셨다. 엄마와 나는 옷도 제대로 못 입은 채 도망 나오기 바빴다는 것을 그때 알았다. 엄마는 추위와 무서움으로 울고 있는 나를 엄마의 가슴에 꼬옥 안았다. 나는 엄마의 가슴에 안겨 딱 붙어있었다. 나의 머리 정수리가 엄마의 턱 아래 쏙 들어갔다.

엄마는 나를 안고 마냥 울었다. 점점 그 울음소리는 더 커져서 나중엔 온 산이 흔들리듯이 울었다. 엄마의 뜨거운 눈물이 내 머리 정수리에까지 흘러 내 얼굴과 볼을 타고 흘러내렸다. 뜨거웠다. 엄마가 큰 소리로 굵은 눈물을 흘릴수록 나는 더운 엄마의 품을 더욱 파고 들었다.

그 밤이 다가도록 엄마가 토해낸 울음은 엄마의 처절한 삶에 바치는 눈물이었다. 당신 인생의 슬픈 저주가 다 녹아내리기를 바랐으리라. 그 새벽에 나는 엄마 등에 업혀서 산을 내려왔다.

남의 집 부엌 아궁이 앞에 웅크리고 누워 잠든 나는 식은땀에 흠뻑 젖어 꿈에서 깼다.

나는 엄마의 등에 업힌 채로 꿈을 깼다.

"으… 음마…"

바깥이 훤해진 것 같아 얼른 일어나 부엌문을 열고 마당으로 나왔다. 보름 달빛이 비추고 있었다. 사람들은 각기 자기의 둥지에서 곤히 잠을 자고 새 날은 아직 대문을 열지 않았다. 깡통을 든 나는 따박따박 걸어서 익숙한 골목길을 벗어났다. 나도 모르게 내 발걸음은 드문드문 있는 집을 지나 우리 집이 있는 뒤편, 화장터가 있는 계곡 쪽으로 걸어 들어갔다. 부지런한 할머니는 마당에 나와 섰다. 나를 힐끗 보더니 내 걸음을 따라 눈 바라기를 하는 것 같았다.

"엄마…"

꿈속에서 엄마랑 있었던 그 곳을 찾아가는 거다. 슬픔은 특별한 것이 아니다. 밥을 먹듯이 모든 사람은 각자의 가슴 안에 담긴 슬픔을 먹으며 살아간다.

예수님은 니 소원을 들어주신다

나는 어느 새 슬픔 앞에 무덤덤해졌다. 그 무거운 슬픔의 무게가 나를 짓누를 수는 있어도 나를 삼킬 수는 없었다. 내가 이미 슬픔을 먹으며 살고 있으니 슬픔을 이긴 것이다. 화장터 굴뚝대 아래에서 걸음을 멈추었다. 아직 날이 채 밝지 않은 신 새벽이다. 굴뚝대의 끝이 희미하다. 산꼭대기와 견주기라도 하듯이 누가 더 높이 오르나 내기를 하는 것 같았다. 나는 굴뚝대를 쳐다보며 이전에 엄마와 함께 진달래꽃을 따먹던 산을 쳐다보았다. 어둠이 껍질을 벗어내느라 분주했다. 나는 그 자리에 서서 신 새벽을 맞이하는 살아있는 모든 것들의 움직임을 느낄 수 있었다.

"아! 새 날…"

감탄이 저절로 나왔다. 아직 내가 살아있음을 느끼는 순간이었다. 목젖이 뜨거워졌다. 사람이 생을 마칠 때, 마지막으로 연기가 되어 하늘로 올라간다는 이 화장터에서, 어린 내 생명은 다시 태어나고 있었다.

야윈 내 뺨에 억눌렸던 눈물이 흘렀다. 바닥을 파도 또 바닥이 나오는 내 삶이었다. 어떤 힘든 순간이라도 다 참아 낼 수 있었던 것은 엄마를 향한 그리움의 힘이었다. 살아있다는 것이 눈물겨웠다. 삶이 또렷해져 갔다. 겉은 남루해도 희망을 품은 가슴이 나를 살게 했다. 뜨거움이 솟아오르는 것 같았다. 눈을 깜박일 때마다 세상이 밝아져 어둠이 물러가는 것이 느껴졌다. 어둠은 내릴 때도 깜빡일 때마다 점점 더 어두워지더니, 새 날이 열릴 때도 그랬다. 나는 마치 새 날을 기다린 아이처럼 두 팔을 벌려 화장터 마당을 빙빙 돌았다. 나를 짓누르던 슬픔은 다 도망가 버렸다. 내 뺨에 부딪히는 바람줄기가 내 눈물을 닦아주었다.

밥을 얻어먹기 위해 교회를 갔다. 나를 따뜻하게 대해주었던 곳은 교회뿐이었다. 아무리 꾀죄죄한 거지의 모습이어도 나를 내쫓지 않는 곳이 교회였다. 나는 교회 가는 날만 손꼽아 기다렸다. 그 교회에 가면 나를 정말 사랑해주시는 선생님이 있었다. 그 선생님은 내게 작은 성경책도 주셨다.

"순애야. 이 성경책은 하나님의 말씀이다."

"예…"

"니 소원이 뭐야?"

"제 소원이요? 그건…"

"그래 말해봐!"

선생님이 내 얼굴을 보며 앉았다. 두 손으로 내 손을 잡았다.

"제 소원은요. 우리 엄… 마… 울 엄마 만나는 거요."

"그래?"

"흑흑흑"

"울지 마, 순애야."

선생님은 나를 꼭 안아주셨다. 그리고 말했다.

"하나님은 순애의 소원을 꼭 들어주신단다."

"으응… 엉…"

나를 꼭 안아준 선생님이 팔에 힘을 주어 더 꼭 안아 주셨다. 나의 울음소리도 더 커지고 말았다. 그때부터 내 마음속에는 천사처럼 교회 선생님이 들어왔다. 나를 보며 웃는 모습을 그려볼 때마다 내 입가에도 웃음이 지어졌다. 친구들이 더럽다고 냄새난다고 나를 떠 밀어 넘어뜨릴 때도, 달려와 나를 일으켜 준 선생님이다.

"순애야! 친구들이 너를 싫어해도 그것 때문에 울지 마. 예수님은 너 같은 아이를 더 사랑하신단다."

어느 날은 교회 선생님이 한쪽 구석으로 나를 데리고 갔다. 세숫대야에 물을 담아놓고 내 얼굴을 손으로 문질러서 씻겨주셨다. 누런 코를 쭉쭉 빨아먹으면, 두 손으로 내 코를 "흥" 하게 해서 다 닦아내 주신 선생님. 언제부턴가 교회 선생님의 손길이 스쳐

가면 내 얼굴이 훤해졌다.

눈알이 노란색이라고 놀리고, 돌을 던졌던 애들도 교회에서 마주쳤다. 아이들은 나를 보면 모두가 "아! 거지!" 하면서 소리를 지르며 도망갔다. 그리고 돌멩이를 들고 나를 향해 던졌다. 나는 그 자리에 풀썩 주저앉아 울었다. 어디선가 내 울음소리를 들은 선생님이 달려와 말없이 나를 힘껏 안아주셨다. 선생님의 가슴은 내게 마음의 울타리였다.

선생님의 가슴 속에는 포근한 솜이 가득 담긴 것처럼 따뜻했다. 나를 파고드는 절망의 마음을 선생님의 따스함이 이불처럼 나를 감쌌다. 나는 선생님의 사랑이 내 마음에 건너올 때마다 감격의 목젖이 떨려왔다. 세상에는 이런 사람도 있구나! 모든 것이 절망이라도 이런 하나님의 사랑이 나를 만나 주었을 때 나는 행복했다.

내 생명이 살아서

꿈에라도 그리던 엄마가 당신이 친정어머니처럼 생각해왔던 떡집 할머니에게로 편지를 보내왔다.

내 가슴에 무거운 맷돌 짝 같았던 큰 덩어리가 나를 향해 힘껏 발길질하며 떠나갔다. 이 얼마나 기다렸던 순간인가. 갈매기가

물고 온 꿈속에서 온 편지가 아닐까. '아! 그리운 나의 엄마!'

나는 흥분하여 마음을 가누질 못했다. 작은 내 가슴이 터져버릴 것만 같았다.

드디어 엄마가 나를 찾았다. 생각만 해도 심장이 쿵쾅 뛰었다. 나의 두 발은 거침없이 바다를 향하고 있었다. 엄마가 보내온 기쁜 편지를 손에 쥔 채 바다로 달려갔다. 엄마가 떠나간 날 슬픈 빛을 하고 있었는데, 오늘은 바다가 한결 푸르르고 힘이 있어 영롱했다. 심장이 멎을 것만 같았다.

"휴…"

바다가 마치 내 눈물을 닦아주듯이 부드럽게 다가왔다. 바다에서 엄마 치마폭 같은 냄새가 났다. 이제 곧 엄마를 만날 수 있다는 생각에 숨이 목에서 턱 걸린다. 언제나 바다는 나를 지켜주었다. 바닷바람은 내 마음의 고랑에 흐르는 눈물을 씻겨주었다. 짠 바다 냄새는 나를 여물게 해주는 힘이었다. 나는 기쁠 때도 이렇게 바다로 달려왔고 엄마가 떠난 날, 슬플 때에도 내가 달려 간 곳은 바로 이곳 바다뿐이었다. 바다는 내가 태어나서 자란 내 고향 그 자체였다.

아무도 내게 말을 걸지 않아도 바다는 파도를 보내 내게 말을 걸었다. 한낮이면 가림막이 없는 바다에서 습한 내 영혼을 쏟아지는 뙤약볕에 말렸다. 내 마음에 핏기가 돌았다. 내 영혼의 물기가 바람에 날렸다. 너무도 긴 시간, 방치된 내 영혼을 향해 손을 내밀었다.

나는 혼자서 그 넓은 모래밭을 두 팔을 벌리고 껑충껑충 달렸다. 고무신 한 쪽이 저만치에서 벗겨져 나갔다. 나는 누군가와 술래잡기라도 하듯 혼자서 도망가고 잡으러 갔다. 바다를 향해 두 팔을 벌리고 목청이 터져 나갈 듯이 소리를 쳤다.

"바다야. 나는 인제 울 엄마한테 간데이."

파도가 친구들을 몰고 나를 향하여 힘차게 달려왔다. 하얗게 부서지는 물방울을 내게로 날려 보냈다. 한껏 부푼 내 마음처럼 바다도 더욱 몸부림을 쳤다.

"바다야. 니 보고 싶어도 나는 인제 엄마한테 간데이."

바다는 파도를 내게 보내며 잘 가라고 인사를 했다. 밤이면 하늘의 달빛이 바닷속에서 살아났다. 이른 아침이면 눈부신 태양이 수평선 끝에서 올라왔다. 그 태양도 바다 속에서 살아난 것이라고 나는 믿었다. 수많은 인생들이 이 바닷가에 와서 자신의 삶의 찌꺼기들을 다 쏟고 가도 바다는 깨끗이 씻어줄 수 있다. 바다는 모든 것을 살려내는 엄마품과 같은 거대한 생명체였다. 그 넓디넓은 바닷가에 나는 작디작은 소녀였다. 엄마가 나를 버리고 가버린 후, 나는 바다의 넉넉한 품 안에 안기어서 여기까지 왔다.

"바다야. 니 보고 싶은 건 참으면 되지만 엄마보고 싶은 건 이제 더 이상 못 참는데이."

"바다야. 니 내 잊어불지 마레이. 여기 이 자리에 꼭 다시 찾아올게."

이제는 가슴 밑바닥에서부터 나를 흔들어 깨우는 어떤 운명적인 힘에 나를 맡겨야 할 때가 온 것 같았다. 나는 스스로 내 존재의 가치를 포기해서는 안 된다고 내 자신에게 심었다. 인생의 바닥과 끝을 수 없이 파면서 내 나이에 맞는 삶이 무엇인지조차 잊어버린 채 생존 그 자체에만 급급했다. 그 생존의 강을 건너서 존재의 가치를 발견했다. 아무리 절벽 끝과 같은 낭떠러지의 삶이어도 살고자하는 의지가 어린 나를 지켜주었다.

나는 모래사장에 손가락으로 큰 글씨를 썼다.

"순애는 엄마한테 간다."

콧잔등이 찡했다. 초대하지 않아도 내 마음을 파고 드는 것. 모래 위에 커다란 글씨를 남기고 나는 바닷가를 떠나왔다. 내 눈속에 담긴 곳곳을 자박자박 걸어갔다. 배움이 없는 내 머릿속은 텅 비어있음을 알았다. 속이 채워지지 않은 나. 목숨하나 지켜오기 급급했던 나는, 친구들이 배움의 날개를 달고 훨훨 날아가는 그 미래에 나는 출발점부터 낙오자였다. 친구들은 나를 자기들의 줄달음치는 틈바구니에 끼워주지도 않았다.

훗날 나는 알았다. 황새는 날아서, 말은 달려서, 거북이는 걸어서, 굼벵이는 굴러서 새해 첫 날, 한 날 한 시에 도착했다.

바위는 앉은 채로 새해를 맞았다.

그리운 엄마를 찾아

"순애야. 잘 가거라. 니 어메한테 가서 잘 살거라. 그동안 어린 니가 참말로 고생 많았다."

할머니가 당신 치맛자락을 위로 끌어올려 눈물을 닦았다. 할머니에게 꾸벅 절을 했다.

"이거 니 어메한테 가는 차비다."

내 손에 돈을 꼭 쥐어주셨다.

"할매요. 고맙심니더. 흑흑…"

눈물을 글썽이며 돌아서는 내게 할머니는 골목까지 나오시며 말씀하셨다.

"꼭 잘 살으레이. 니 어메한테 안부 전하거라. 순애 니는 억척같은 아라서 잘 살 끼구만."

"할매요. 안녕히 계시이소."

"오냐. 오냐."

나는 속으로 할머니가 정말 고마운 분이라고 생각했다. 내 품속에 꼭꼭 숨겨둔 작고 파란 성경책. 그 하나님께 기도드렸다.

정류장으로 달려간 나는 잠시 망설여졌다. 엄마를 끔찍이 사랑해주셨던 5촌 아재네 집 작은 할머니가 계신다. 그 할머니만 엄마를 불쌍히 여겨주셨던 분이시다. 내가 떠돌아다니는 거지일 때도 그 집을 찾아가지 않았다. 아재네 집 자녀가 나랑 비슷한 또래인데, 길거리에서 마주치면 나를 노려보곤 했다.

"저 거지 우리 친척이다. 아이 재수 없어."
"야! 내가 돌 던져서 쫓아버릴까?"
"그래라. 흥"

그 집을 보따리를 안은 채 찾아갔다.
"작은 할매요. 지는 엄마한테 갑니더."
할머니가 나를 와락 끌어안았다.
"순애 니는 어디매서 살았노. 꼴이 이게 사람꼴이가. 쯧쯧… 니 애미 불쌍한 사람이다. 흑흑… 미친 니 애비 때문에 온몸이 성한데 없이 맞아서… 이런 꼴 안 보고 진작 죽어야 하는디… 질긴 목숨이 아직꺼정 살아서 이런 꼴을 다 본다. 니 애미한테 가거들랑 인자 뒤돌아보지 말고, 니 아부질랑 잊어불고 새 인생 살아라 캐라. 알았제."
"예. 작은 할매요."
"지 복을 찼지 찼어. 세상에 니 애미 같은 사람이 어디 또 있겠노. 쯧쯧… 순애 불쌍한거 따슨 밥 한 그릇 믹이가 보내야 할 낀데…"
"아입니더 할매요. 저는 얼른 엄마한테로 갈랍니더."
"그래. 애미한테 어여 가거라. 니 애미랑 잘 살거라. 그런 애비는 혼자 죽든지 말든지 상관 말고 니들이나 잘 살아라. 니 애미가 보고 싶구나."
아재네 집 작은 할머니가 속 고쟁이 속에서 돈을 꺼내 내 손에 쥐여 주셨다.

"작은 할매요. 지는 차비 있습니더."

"이거라도 쪼매 쥐여서 보내야 내 맴이 편다. 어여 받그래."

꾸벅 절을 하며 나는 그 돈을 받았다. 작은 할머니를 마지막으로 뵌 것이 되었다.

버스 정류장을 향해 부지런히 걸었다.

내가 도착한 구룡포 버스 정류장에는 생선비린내가 물씬 풍겨왔다. 양쪽 길 옆으로는 붉은 대야에 갖가지 생선들을 담아 팔고 있는 아주머니들이 줄지어 앉아있었다. 나는 곧바로 매표소에 가서 영덕행 직행표를 샀다. 내 심장은 뛰었다 멎었다를 반복했다. 온몸이 벌벌 떨려왔다. 도망가는 나도 인제야 엄마의 심정이 어땠는지를 조금 알 것만 같았다.

"지금부터 삼십 분 후에 차가 출발한다. 기다리면 올끼다."

"예…"

내 손에 표가 쥐여졌다. 앞 버스는 십분 전에 출발해버렸고 나는 다음 차를 기다려야 했다. 나는 속으로 '이럴 줄 알았으면 할머니 집에서 밥이라도 얻어먹고 올 걸.' 하는 생각을 했다.

그때 내 앞에 성큼 나타난 사람이 있었다. 나는 소스라치게 놀란 나머지 다리가 후들후들 떨렸다. 눈앞이 아찔했다. 내 앞에 다가와 우뚝 선 사람은 다름 아닌 나의 아버지였다. 너무도 초췌한 모습의 아버지는 마치 허수아비처럼 영혼이 빠져나간 것 같았다.

"아… 아… 부지요."

"순애야."

"아… 아부지요."

보따리를 안고 서 있는 내 모습, 내 손에 쥐여진 차표에 아버지의 눈이 멈췄다. 순간 아버지는 내가 당신 모르게 엄마가 있는 곳으로 간다는 것을 알았으리라. 아버지의 손이 나의 뺨을 향해 날아올 것만 같았다. 어쩌면 내 머리채를 잡고 모든 사람들이 보는 앞에서 끌고 갈 지도 모른다. '아! 이제 나는 아버지에게 맞아 죽겠구나!'

어찌해야 할지 그저 막막하고 눈앞이 아찔할 뿐. 마치 정신을 잃은 아이처럼 그렇게 서 있었다. 그 짧은 순간에 아버지에 대한 내 안에 묻어두었던 수많은 기억들이 스쳐갔다. 그 많은 날의 비참했던 감정들이 바람처럼 내 마음을 들쳤다. 내 안에 지우고 싶었던 기억들이 한꺼번에 밀려나왔다. 두려워 떨고 있을 동안 아버지는 아무런 행동도 하지 않았다. 아. 아버지가 변했다. 이성을 잃고 난폭하게 행동하던 모습이 아니었다.

"순애야. 니 엄마한테 갈라카나."

아버지는 이제 당신 혼자 버려진다는 두려움 앞에 선 것 같았다. 아버지의 눈빛이 내 손을 향하여 초점이 맞춰졌다.

차표를 들고 있는 내 손은 떨고 있었다. 나는 속에서 대답을 했을 뿐 나의 대답은 내 목구멍을 넘어서 입 밖으로 나오질 못했다. 아버지의 눈빛이 내 얼굴을 향했다. 아버지와 눈빛이 마주치는 순간 나는 시선을 아래로 떨구었다. 아버지의 눈빛은 두려움이 엄습해 있었다.

버려진 아버지의 영혼

아버지와 나, 두 사람 사이엔 골 깊은 계곡이 움푹 파인 듯 몸은 약간의 거리를 두고 마주 서 있지만, 아버지와 나의 마음은 산 하나를 건너 있었다. 그토록 무서웠던 아버지의 삶 앞에 나는 티끌같이 작은 존재일 뿐이다. 그동안 아버지 앞에 나란 존재는 어떠한 의미도 없었다. 어린 내 마음속에 고스란히 담긴 생생한 장면들, 그토록 큰 아픔의 상처를 안고 살아온 순간들. 나는 과연 아버지를 용서할 수 있을까. 그러나 지금은 아버지가 버림받을까 두려워하는 순간이 왔다.

"에… 예…"

나는 마음을 굳게 다잡으며 용기를 냈다.

그때였다. 느린 나의 대답을 곧바로 이어서,

"그라믄 나도 같이 가야겠다."

너무도 단호한 아버지의 말에 순간, 가슴이 철렁 내려앉았다. '안 돼, 안 돼. 아버지가 그곳에 가서는 절대로 안 돼. 엄마가… 엄마가 또 슬퍼질 거야.'라는 절박함의 외침이 마음속에 가득 찼다.

아버지의 무자비한 폭력을 피해 산을 넘어 맨발로 도망갔던 그 아이가 울면서 내게 묻는다.

"너는 아버지와 함께 엄마에게 갈 거야?"

"아니… 아니야…"

"아버지가 같이 가자고 하는데 어떻게 뿌리칠 거야?"

"안 돼. 안 돼."

내 마음과는 달리, 아버지의 시커먼 입술이 바짝 타 들어갔다. 아니 나를 놓쳐서는 안 된다는 안간힘이 내 눈에 비쳤다. 그 표정이 절규에 가까웠다. 삶의 끈을 잡고자 하는 욕망이었다. 마치 아버지에게도 꼭 지키고 싶은 그 무엇을 발견한 듯 분명하고 단호했다.

'엄마에게 죽음 같은 매질을 얼마나 했습니까. 무슨 염치로 엄마가 있는 곳을 가겠다는 겁니까. 엄마는 나 혼자만 오라고 했습니다. 엄마가 아버지랑 함께 온 것을 알면 무척 슬퍼할 겁니다. 그러니 저는 아버지랑 함께 갈 수가 없습니다. 그것은 사랑하는 엄마를 위해서입니다. 절대로 같이 안 갈 겁니다. 그래 아시고 돌아가이소.'

이 말을 목구멍까지 떠오르다 억눌렀다. 지금 내 앞에 서 있는 아버지는 내 기억 속에 그 폭력적이고 무서운 아버지가 아니었다. 너무도 초라하고 초췌한 불쌍한 모습, 금방이라도 쓰러질 듯, 바짝 마른 몸이 마른 나무 꺾이듯 주저앉을 것만 같았다. 엄마를 잡아먹을 듯이 날뛰며 그토록 미친 발작을 일으키던 모습은 어디로 사라졌는지 믿기지 않는 아버지의 모습 앞에 나는 안절부절 못하고 있었다.

"아… 아부지요. 참말로 엄마한테 갈 낍니꺼?"

"…"

그때서야 아버지는 눈시울이 붉어졌다. 금방이라도 울음이 터져 나올 것만 같았다. 아버지가 고개를 끄덕끄덕하셨다. 그 표정이 '순애야. 나를 데리고 가다오.'라고 말씀하시는 것 같았다.

"순애야. 내가 니 어미한테 지은 죄가 많다. 내가 가서 잘못을 빌어야겠다. 나를 데리고 가다오 순애야."

"아부지요. 으응…"

아버지와 나는 마치 약속이라도 한 듯이 울고 있었다. 아버지의 그 말씀, 엄마에게 가서 아버지의 잘못을 빌고 싶다는 말이 내 마음에 걸렸다. 나는 지금 결정을 해야 한다. 내가 엄마에게 가는 것을 포기하던지, 아니면 아버지랑 같이 가던지.

나는 돌아서서 아버지의 차표를 샀다. 작은 할머니가 주셨던 돈이 결국엔 아버지의 차비가 되어버렸다. 버스가 왔다. 아버지는 나를 따라 버스에 올랐다. 우리는 각기 다른 자리로 앉았다. 아버지와 나는 아무 말이 없었다. 아니 아무런 생각조차 하기 싫었는지도 모른다. 나는 온통 '엄마가 어떻게 생각할까!' 라는 생각에만 빠져있었다. 누군가가 달려갔던 시간 위로 버스는 달렸다. 아버지와 나. 각자 다른 두 사람의 인생을 싣고 달려갔다.

구룡포를 떠나 처음으로 어딘가를 가 본다. 내 엄마가 있는 곳이 어디인지 처음 찾아가는 길. 창밖으로 내 눈길이 던져지는 곳마다 신비롭다. 처음 보는 풍경, 처음 보는 세상이었다. 새까맣게 그을린 얼굴에 까만 눈동자만 빛났다. 이제껏 살아왔던 깊은 계곡에 눈물 고인 길, 헌 길을 버리고 새로운 신작로를 달린다. 물이 괸 호수 위에 햇빛이 쏟아졌다. 고운 빛깔의 나지막한 언덕이 포개져서 이어졌다. 굽은 길모퉁이에 녹슨 자전거가 버려져 있다. 내 몸은 고향 바다와 점점 멀어져가고 있었다. 바다를 두고 가는 아쉬움이 커서 자꾸만 뒤돌아보았다. 누군가의 글이 마음에 와 닿아 훗날에도 기억할 수 있도록 일기장에 기록해 두었었다.

"큰 것을 보고자 하는가. 넓은 것을 보고자 하는가. 기운찬 것을 보고자 하는가. 끈기 있는 것을 보고자 하는 자는 바다로 나가라. 바라던 것보다 더 큰 것을 너에게 줄 것이다."

이 글을 쓴 이는 바다를 아는 사람이다. 이 분은 바다를 배워서 알았다면 나는 태어나서 지금 구룡포를 떠나는 이 날까지 바다를 단 하루도 보지 않은 날이 없었다. 바다와 나는 늘 함께였다. 작은 내 가슴과 눈 안에, 정신과 나의 내면에 바다의 정기가 담겨져 있었다.

엄마를 향해 달리는 차 안에서 차창 밖으로 펼쳐진 산등선 허리춤에 내 속에 흐르는 깊은 상념이 걸려 있다. 나는 내 고향 바닷가를 이렇게 떠날 수 있다는 것이 믿어지지 않았다.

해가 어둑어둑 기울 즈음, 청송 산골 읍내에 도착했다. 황장재를 넘어 굽이굽이 고갯길을 돌아 읍내에 도착하니 어둠이 내리기 시작했다. 외갓집이 있는 산골마을까지는 걸어가야만 했다.

날이 이미 저물어져, 읍내를 막 벗어나 큰 강이 있는 곳으로 내려오니 완전히 저물었다. 나지막한 긴 다리를 건널 때 강바람이 제법 매섭게 불었다. 다리 아래로는 큰 강물이 흘러가고 있다. 춥다고 느꼈지만 이 길 따라 십리 걸어가면 엄마와 만날 수 있다는 기대감에 추위도 잊었다. 다리를 건너가니 큰 마을이 나왔다. 한 마을을 지나 걸어가니 엄청난 높이의 산이 가로막았다. 사방은 암흑천지였다. 막 지나온 동네의 불빛이 이젠 보이지도 않았다. 추웠던 생각은 간 곳 없고 등허리에 땀이 나고 덥기 시작했다. 산 중턱에 올라서니 길 오른쪽 아래로 큰 저수지 하나가 어둠 속에서 바람에 일렁이며 빛을 내고 있었다. 아버지와 나는 저수지가 내려다보이는 길옆에 털썩 주저앉았다. 숨 가쁘게 걸어 올라와 헉헉대고 있었다. 저수지는 고요했다. 넘실대는 큰 바다가 아닌 고여 있는 저수지가 정겹게 느껴졌다.

아버지와 나는 서로 말을 하지 않았다. 아버지는 나를 따라 마치 내 그림자처럼 옆에서 걷기만 했다. 지금 저수지를 바라보며 앉아서 쉰 것도 내가 결정한 것이다.

"아부지요. 인제 고마 일어나시더. 빨리 엄마한테 가야지요."

내가 먼저 일어섰다. 그리고 산 중턱을 걸어 올라가 꼭대기에 서니 저만치 먼 곳에 희미한 불빛 같은 것이 보였다. 그 안쪽에 그리운 엄마도 있을 것이다. 높은 재를 올라올 때는 힘들었지만 이젠 내려갈 차례다.

내려갈 때는 너무도 쉽다고 생각했다. 나 혼자 까불까불 앞서서 뛰어 내려가다가 제법 큰 돌부리에 걸려 넘어지고 말았다. 엄지발가락이 너무도 아파 눈물이 핑 돌았다. 나는 울음소리를 냈다. 뒤에서 아버지가 쯔쯧 혀를 찼다. 큰 재를 내려오니 이젠 작은 산이 두 개나 더 기다리고 있었다. 발가락이 계속 아팠다. 검정 고무신 속 발가락이 깨져서 피와 진물이 났다. 끝도 없는 산 넘기에 발가락은 아리고 피가 나서 끈적끈적했다. 그래도 멈추지 않고 계속 걸었다. 아픔보다 엄마를 빨리 만나고 싶다는 소망이 간절했다.

아직도 마을이 먼 듯했다. 아버지와 나는 마지막 산꼭대기에 앉아서 쉬었다. 목이 말랐다. 배에서는 꼬르륵 소리가 났다. 누가 먼저랄 것도 없이 서로 얼굴을 마주 보았다. 아버지와 나는 서로 눈빛으로 말하고 있었다. 너무도 배가 고프다는 사실을 말하지 않아도 서로가 느끼고 있었다.

그때 문득, 나는 아버지의 얼굴을 쳐다보았다. 어둠 속에서 가까이 바라보니 늙은 할아버지였다. 그 몰골이 초췌할 뿐만 아니라 일그러져 있었다. 우린 다시 일어나 걷기 시작했다. 그렇게 재를 내려가니 양쪽으로 음지와 양지로 나누어져 큰 마을이 나왔다. 이젠 다 왔다는 안도의 한숨이 나왔다.

어둠이 온 마을을 덮고 있었다. 마을엔 집들이 양 쪽으로 총총 있었다. 초가지붕과 슬레이트 지붕들이 희미한 등불을 밝힌 채 옹기종기 모여 있었다. 마을 한가운데로 제법 큰 길이 나있었다. 산 아래에는 논과 밭들뿐이었다. 이제 나는 다리를 질질 끌었다. 큰 마을을 다 지나 가다 보니 집이 두세 채가 보였다. 엄마는 편지에서 큰 당산나무가 나올 때까지 오라고 했다. 나는 그 당산나무가 어디쯤 있는지 살피며 계속 걸었다. 어둠 속이지만 저기 저 만치에 큰 나무가 서 있는 것 같았다. 그러나 걸어가도 가도 큰 나무는 내가 생각했던 것 보다 엄청 더 멀리에 있었다. 나는 힘들 때마다 속으로 '엄마. 엄마를 불렀다.

그리움의 샘에 엄마가 있었다

늦은 밤, 아버지와 나는 정말 큰 당산나무 앞에 섰다. 나는 처음 보는 너무도 큰 나무를 넋을 잃고 쳐다보았다.

"우와! 아부지요. 지는 이렇게 큰 나무는 첨 봅니더."

나는 나무에 기대어 숨을 돌렸다. 어른 두 사람이 양 팔을 벌려도 나무의 몸통을 다 안을 수 없을 만큼 아주 굵고 큰 나무였다. 어둠 속에서도 나를 지그시 바라보시는 아버지의 얼굴이 편안해보였다. 아버지는 말이 없었지만 온종일 나를 눈 바라기 하시는 것만으로도 좋으신 것 같았다. 당신의 막내딸과 처음으로 여행을 하신 것이다. 바라보기만 해도, 옆에 있기만 해도, 아버지는 행복하다는 눈빛이셨다. 그리고 '우리 순애가 이젠 다 컸구나' 라고 생각하신 것 같았다.

내가 기댄 당산 나무에 아버지도 기댔다. 나는 한 쪽 신발을 벗었다. 엄지발가락이 터져서 쓰라렸고 진물이 났다. 아버지는 내 발을 만져주셨다. 속으로 '얼마나 아프겠노. 어린 것이 이 먼 곳까지 걸어온 길이 얼마냐.' 하는 표정으로 내 앞에 아버지의 등을 내미셨다. 아버지의 등에 업히라고 하시는 것 같았다.

"아… 부지요. 지는 괜찮습니더. 안 업어줘도 됩니더."

아버지를 붙잡고 일어나시라고 잡아당겼다. 아버지는 비틀거리시면서 일어나셨다. 나는 아픈 발을 검정고무신 안에 집어넣었다. 이번에는 아픈 발로 걷다가 넘어지기라고 할까봐 아버지가 내 손을 꼭 잡으셨다. 나는 깜짝 놀랐다. 하지만 나는 아버지의 큰 손안에 잡힌 내 손을 빼내지는 않았다. 아버지와 나는 당산 나무를 지나 오른쪽으로 집들이 옹기종기 모여 있는 골목길을 천천히 걸었다.

서너 채의 집을 지나 불 밝혀진 허름한 초가집 앞에서 걸음을 멈췄다. 이 마을은 '황골'이라고 부르는 큰 마을에 속한 마지막 동네였다. 나는 이 집이라는 느낌이 들었다. 여기에 그리운 나의 엄마가 있을 것이라는 마음이 들었다. 주변은 온통 산이었고 외갓집은 산자락에 위치한 가장 허름한 집이었다. 그러나 따뜻한 온기가 느껴지는 것 같았다. 아버지는 얼른 잡았던 내 손을 놓고 뒤로 물러섰다. 바로 보이는 방에서 붉은색 불빛이 비치고 있었다. 이때 나는 용기를 내어 마당 안으로 들어섰다. 그리고 힘주어 불렀다.

"어… 엄마…"

딱 한 번 부른 엄마 소리에 마치 애타게 기다렸다는 듯이 방문이 확 열렸다. 마당 한가운데 작은 아이가 서 있는 모습이 어둠 속이라 보이지 않은 것 같았다. 나는 열린 방문을 향하여 다시 힘주어 불렀다.

"엄… 마!"

갑자기 방안 사람들이 움직이기 시작하더니 울음 섞인 목소리가 들렸다.

"순애야!"

분명 나의 엄마였다. 방문턱을 넘어서 맨발로 마당으로 달려 나오는 이는 꿈에도 그리던 나의 엄마였다.

"우리 순애야. 엉엉엉… 내 새끼… 니가 여기까지 왔구나. 흑 흑…"

엄마는 내 이름을 부르며 소리 내어 울고 또 울었다.

"내 새끼. 우리 순애. 아이고… 내 새끼야… 니가 얼마나 보고 싶었는지 아나. 아이고, 우리 순애."

"엄마… 엉엉… 엄마…"

목이 매이도록 엄마의 품안으로 나는 빨려 들어갔다.

"아… 아… 엄마, 엄마."

엄마가 내 얼굴을 만졌다. 앙상히 뼈만 남은 내 몸을 엄마는 으스러지도록 힘껏 껴안았다. 엄마와 나는 한 몸이 되었다. 오랫동안 엄마와 나 사이에 생겼던 그리움의 거리를 눈물로 녹였다. 엄마를 향한 그리움을 토해 내느라 내 목구멍이 막혀버렸다.

그때 내 뒤에 저만치 서 있던 아버지는 눈시울을 붉게 물들이며 고개를 들지 못한 채 어깨를 축 늘어뜨리고 있었다. 놀란 엄마는 그때서야 아버지를 보았다. 나는 겁이 났다. 내 마음대로 아버지를 여기까지 데리고 온 게 아닌가.

"엄마. 아부지도 같이 왔다. 엄마. 아부지 용서해라."

나는 이 말을 하면서 울었다. 엄마가 아버지에게 얼마나 매를 맞고 수십 번 죽었다가 살았는데, 내 마음대로 아버지를 데리고 와서 엄마에게 아버지를 용서하라니…

"으앙… 엄마. 내가 잘못했다. 엄마. 미안해. 내가 잘못했어. 엉엉엉"

엄마는 나를 당신 가슴에 꼭 안았다. 아버지는 저만치 떨어진 자리에서 죄인이 되어 울고 서 있었다. 엄마는 흐르는 눈물을 손으로 닦으며 아버지를 바라보았다. 아버지는 당신을 바라보는 엄마의 얼굴을 마주보지 못했다. 고개를 떨군 채 우셨다. 외가 친척들이 나를 반갑게 맞아주셨다.

"순애야. 인자 다 큰 처자가 되었구나. 용케도 찾았제. 아가 똑똑다."

나는 외할아버지를 처음 보았다. 외할아버지가 나를 보고 "니가 순애냐?"하시며 웃으셨다.

　엄마는 나를 안고 방으로 들어갔다. 아버지도 따라 방으로 들어가서 외할아버지께 큰 절을 올렸다. 그리고 엄마와 내 옆으로 앉았다.

　엄마와 아버지는 서로 보지 않았고 아무 말도 하지 않았다. 외가 친척들도 아버지에게 아무도 말을 하지 않았다. 아버지는 서운하게 느끼지 않는 것 같았다. 좁은 방안에 희미한 등잔불 하나를 밝혀둔 채 온 식구가 다 모여 앉았다. 엄마와 나는 손을 놓을 수가 없어 붙어 앉았다. 내 눈으로도 엄마의 건강은 좋아보였고 젊고 고운 엄마의 모습을 되찾은 듯 보였다. 밥상이 들어왔다. 아버지와 나는 걸신들린 사람마냥 허겁지겁 밥을 먹었다. 외갓집의 첫인상은 나를 너무도 행복하게 해 주었다. 배가 부르니 그제야 아픈 발의 감각이 느껴졌다. 피가 범벅이 된 내 발을 본 엄마는 깜짝 놀라며 혀를 찼다.

　"순애 니 이 발로 그 먼 길을 우째 걸어 왔노? 아이고 세상에. 쯧쯧."

　엄마는 젖은 수건으로 피와 진물을 닦아내고 무엇인가 약이라고 발라주었다. 나는 엄마의 품에서 스르르 잠이 들었다. 엄마는 나를 당신의 무릎베개로 눕혔다. 그리고 엄마의 따뜻한 손으로 내 손을 꼭 잡고 있었다. 외가에서의 첫날밤은 행복했다. 엄마를 다시 만난 기쁨을 세상 사람들에게 자랑하고 싶었다. 다시는 엄마와 헤어지지 않을 거라고 큰 소리로 외치고 싶었다. 이젠 엄마와 같이 있으니 세상의 그 무엇도 부러울 것이 없었다.

행복의 장작을 지필 때

눈을 떴을 땐 아침이었다. 바닷가에서만 자랐던 나는 산골의 모든 것이 새롭고 낯설기만 했다. 마당에 나가니 앞에도 뒤에도 산이었다. 마당에는 낡은 농기구들이 아무렇게나 내팽개쳐져 있고 외양간에서는 송아지가 음매음매 울고 있었다. 개들이 닭이나 고양이를 분주하게 쫓아다녔다. 외갓집 바로 앞 개울가에서 아낙네들이 신나게 방망이를 두들기며 빨래하는 모습도 나에겐 낯설었다. 내가 덮고 잤던 이불도 옛날에 손으로 짰다는 삼베이불이었다. 어젯밤의 그 많던 식구들은 어디로 갔을까. 엄마는 부엌에서 아궁이에 마른 장작을 지펴가며 큰 가마솥에 아침밥을 하고 있었다. 나는 엄마 옆에 앉아 부지깽이로 불장난을 하였다. 밥 냄새가 구수하게 났다. 엄마도 내가 옆에 와 있는 것이 믿기지 않는지 연신 웃음을 띠었다. 그때서야 나는 아버지가 생각났다.

"엄마. 아부지는 어디 갔노?"

"식구들과 같이 밭에 일하러 가셨지."

"아부지 일하실 줄 아나?"

"하믄. 아부지 고향이 시골인데 와 일 못 하시겠노."

나는 속으로 다행이다 싶었다. 마당에도 집 뒤에도 감나무와 개암나무가 돌담을 끼고 몇 그루나 서 있었다. 안채와 아래채가 기역자로 되어 있었는데, 그 뒤쪽으로 외양간과 담뱃잎을 찌는 황초굴이라 부르는 우뚝 솟은 흙집도 있었다. 외양간에는 새끼 송아지만 보였는데 엄마를 찾는지 잠시도 가만있지 못하고 빙빙 외양간을 돌아다녔다. 바닷가에서는 느낄 수 없었던 작은 생명이 꿈틀거리고 있었다. 외갓집에서 얼마 동안 우리 식구는 바쁜 일손을 도우며 바쁘게 보냈다. 나는 엄마를 송아지가 어미 소를 따라다니듯 졸졸 따라다녔다. 엄마가 밥 다라이를 이고 산언덕 너머에 있는 밭에 가면 거기도 따라갔다. 엄마는 항상 일꾼들의 밥을 해서 큰 다라이에 국, 반찬들과 함께 담고 물, 술 주전자까지 들고 갔다.

나는 엄마를 따라 다니며 산나물을 뜯는 일을 배웠다. 나는 한글보다 산나물 뜯는 일을 먼저 배웠다. 온 산을 다니며 미역취, 나물취, 곰취, 햇잎, 다래잎, 고사리와 구비, 두릅 등 산에 온갖 풀은 다 산나물이었다. 엄마가 어디로 무슨 일을 하러 가든지 어린 나도 늘 함께 갔다. 엄마가 하는 모든 일을 그대로 배웠다.

나는 엄마랑 함께 라면 무슨 일이든지 다 할 수 있었다. 엄마가 내 옆에 있기만 해도 나는 무엇이든지 할 수 있었다. 우리 가족은 외갓집에 얹혀 살았다. 갈 곳 없이 맨 몸으로 와서 밥만 먹여줘도 머슴처럼 일을 했다. 아버지도 술을 끊었을 뿐만 아니라 엄마와 내가 함께 있다는 것이 좋으신 듯 외할아버지와 함께 소를 몰고 쟁기로 밭도 잘 갈고 지게질도 잘 하셨다. 산에 가서 나무도 한 짐씩 해서 지고 오셨다. 일을 마치고 밭둑에 앉아 막걸리를 대접에 부어 마셨다. 아버지가 한 대접을 마실라 할 때면 어느새 엄마가 그 대접을 확 뺏었다. 막걸리가 출렁거리며 넘어서 음식 위로 떨어졌다.

그때 엄마의 표정은 구룡포에 살 때와는 달랐다. 구룡포에서는 표정 없이 무지막지하게 맞고도 꼼짝을 못했다. 그런데 지금은 엄마의 친정집이어서 그런지, 외할아버지가 계셔서 그런지 기운이 있어 보였다.

나는 그런 엄마가 좋았다. 술잔을 들다가 뺏긴 아버지도 구룡포에서 와는 달랐다. 엄마의 이런 태도를 보고 있을 리가 없었다. 그런데 지금은 아버지가 화난 얼굴이 아니다. "허허" 웃고 계셨다. 나는 속으로 그런 아버지의 모습을 신기하다고 생각했다. 엄마도 아버지도 모두 내가 바라던 모습으로 변했다.

나는 눈만 뜨면 산으로 아니면 밭으로 갔다. 산과 밭이 똑같다. 밭도 산 위에 올라가야만 있었다. 우리 가족이 외갓집 일을 하며 열심히 살고 있으니, 외갓집에서도 조금씩 마음을 열었다. 외할아버지의 눈길은 항상 아버지를 주시했다. 이렇게 외가에서 지내다 보니 시골생활이 좋았다. 그보다 더 좋은 것은 아버지가 술을 안 드시고 엄마와 싸우지 않은 것이 진짜 내가 좋은 이유다.

어느 날, 외갓집의 권유로 우리 세 식구는 황골 마을에서 옛텃골의 폐허 같은 집으로 들어갔다. 집이라야 언덕 위에 큰 소나무가 많이 있는데 그 앞에 몇 년 동안 지붕을 이지 않아 다 썩은 짚과 쓰러질 듯 서 있는 초가였다.

엄마는 산에서 흙을 퍼 비닐푸대에 담아 다 무너진 부뚜막에 발랐다. 맨손으로 물에 흙을 이겨서 방에 벽도 바르고 방바닥도 발랐다. 부엌에서 불을 아궁이에 때면 방바닥에 연기가 많이 올라왔다. 그 연기 나는 방바닥에 흙을 덧발랐다. 엄마의 손은 온종일 흙을 만져서 쩍쩍 갈라졌다. 부엌은 가마솥 하나 걸린 것이 전부였다. 부엌 아궁이에 불을 땠다. 장판대신 돗자리를 깔았으니 등이 따가워 처음엔 잠이 오질 않았다.

외갓집을 나와서 쓰러져가는 집이나마 우리 세 식구만 살게 되어서 좋았다. 나는 산골 생활에 조금씩 익숙해져가고 있었다. 우리 식구는 옛텃골 외딴 집에 살면서 외갓집 일을 하러갔다. 이젠 나도 잔심부름을 곧잘 했다. 낮에는 엄마를 따라 밭에 갔지만, 시골의 밤은 길기만 했다. 나는 내가 해야 할 일을 잊고 있다는 것을 깨달았다. 그것은 학교였다. 내 또래 애들이 학교 가는 모습은 내 마음을 여간 설레게 하지 않았다. 나는 밤마다 큰 소나무 숲인 마당에 나와 큰 나무에 기대어 앉았다. 밤하늘을 쳐다보았다. 솔가지 사이사이로 까만 바탕에 샛별들이 빛을 내며 총총 박혀있었다. 나는 이렇게 밤마다 마당에 나와 하늘의 별밭에 내 마음을 흩날리며 몇 시간을 그렇게 앉아있곤 했다.

나 혼자만의 마음속에서 밤마다 학교를 내려놓지 못하고 씨름

하고 있었다. 엄마와 나는 외갓집 일을 하러 가려면 아버지는 몸이 힘들 다면서 하루씩 빠졌다.

그 날은 나 혼자서 외갓집 일을 갔다. 집으로 돌아오는데 우리 집 언덕 아래에 마을 사람들이 수군거리고 있었다. 그때까지 영문을 몰랐던 나는 깜짝 놀란 마음으로 얼른 집 언덕을 뛰어 올라 마당에 발을 디딜 때 집안에서 들리는 외마디 소리가 허공을 갈랐다. 순간! 머릿속이 하얗게 질리면서 가슴이 무너지듯 철렁 내려앉았다. 딛고 선 두 다리에 힘이 쭉 빠졌다. '아! 구룡포의 그 끔찍한 불행이 다시 시작되는구나!' 이 불행의 그림자가 이곳까지 쫓아 왔다는 생각이 들자 견딜 수 없었다. 나는 동네 창피스럽고 화가 났다. 아버지에 대한 감정이 다시 치밀어 올라왔다. 아버지가 밉고 또 미웠다.

절망이 언덕을 넘었다

엄마는 가지런히 비녀가 질러있던 머리를 다 뜯긴 채 부엌바닥에 쓰러져서 허우적거리며 입에서 거품을 내고 있었다. 몽둥이는 부러진 채 옆에 던져져 있고, 또다시 엄마의 죽음 같은 모습을 보았다. 엄마의 몸과 얼굴은 비참한 과거로 되돌아가 버렸다. 피를 흘리는 엄마의 얼굴을 물수건으로 닦으며 나는 엄마의 얼굴

위에 뜨거운 눈물을 뚝뚝 떨어뜨렸다.

나는 이를 물었다. 내 가슴을 주먹으로 쳤다. 이건 바로 내 잘못이다. 내 잘못… 나는 내가 저질러 놓은 이 엄청난 현실 앞에서 마음이 무너지고 있었다. 아버지는 술을 먹은 정도가 아니었다. 정신이상 발작이 술로 오는 것인데, 작정하고 술을 퍼마시고는 엄마가 도망가면 잡아 끌어와서 때리고 또 때렸다. 눈앞이 캄캄했다. 그때 어떻게 소식을 들었는지 외갓집에서 사람이 왔다. 삼십대 중반쯤 되는 외사촌 오빠는 화가 난 얼굴로 눈을 부라렸다. 아버지에게 인사는커녕 강한 어투로 언성을 높였다.

"동네 창피시럽거러 이게 무신 짓이오."

아버지는 되레 큰 소리를 쳤다.

"이년이 아랫마을에 젊은 놈과 눈이 맞았는데, 본 사람도 있고 증거도 있는데, 이런 년은 맞아죽어도 싸지."

아버지는 도리어 큰 소리를 치셨다. 아버지가 변했다. 너무도 당당하고 확고해졌다. 오빠는 기가 막혀 더 이상 말할 가치도 없다는 표정으로 행동했다. 아버지 앞을 지나 엄마와 내 쪽으로 걸어왔다. 순간, 놀란 얼굴로 입을 딱 벌렸다. 그러다가 그냥 홱 돌아서더니 아버지를 쏘아보며 청천벽력 같은 한 마디를 내 뱉었다.

"여기 살지 말고 당장 떠나시오."

엄마가 떨며 누운 흙방 아궁이에 나는 불을 땠다. 나는 집 밖을 나가지 않고 엄마와 방 안에서 꼼짝도 하지 않았다. 그렇게 며칠이 지났다. 아무 것도 하고 싶지 않았고 누구도 만나는 것이 두렵고 싫었다. 이제 더 이상 헤쳐 나갈 용기도 희망도 없었다. 다만 이렇게 반복되는 인생을 살 수밖에 없는 운명이라면… 여기까지 생각하고 있는 내면에는 절망이 자리를 잡고 있었다. '죽음은 어떤 사람들이 선택하는 것일까! 그 죽음이 나를 향하여 오고 있는 것은 아닐까!' 엄마의 쓰러진 인생 위에 나의 절망이 포개졌다.

구룡포에서처럼 엄마 옆에서 두려움과 공포로 울진 않았다. 그러나 나의 내면에서는 더 무서운 것이 자리를 잡고 있었다. 나는 이런 부모와 나의 이런 운명을 저주했다. '나는 왜 이런 운명을 타고 태어났을까! 내가 어찌하여야 이 끔찍한 현실을 떨쳐버리고 살 수 있을까!'

옛텃골 마을 한가운데에 자리한 우물에 물동이를 들고 물을 길러갔다. 마주치는 사람들이 나를 피했다. 인사를 해도 외면한 채 자리를 떴다. 처음엔 다른 사람들의 반응에 나는 예민했다. 집에 가도, 마을로 나와도 이 내가 설 곳이 없었다.

우리 세 식구는 각자 다른 생각으로 살았다. 아버지는 정신 차린 불쌍한 모습을 잊은 지 오래였다. 안정되게 우리 세 식구만 있으니까 그대로 옛날 버릇이 되살아났다. 매일 술을 먹었다. 아버지의 술버릇과 병의 증세가 절정에 달했다. 술이 취해 비틀거리며 집을 와도 엄마의 머리채는 정확하게 끌어잡았다. 입에서 이 년 저년 아무 욕이나 마구했다. 그럴 때마다 조용한 산골마을이 발칵 뒤집혔다. 몇 집 안 되는 온 동네 사람들이 여기저기서 모여 웅성거렸다.

엄마의 갈비뼈가 부러졌다. 아버지가 몽둥이로 등짝과 가슴을 내리쳤다. 언제나 단정하고 곱던 나의 엄마는 아버지의 미친 폭력 앞에서 그대로 꺾어졌다. 온몸의 뼈가 부어올랐고 손을 대지 못하게 고통스러워했다. 엄마의 얼굴은 마치 애기를 낳은 산모처럼 퉁퉁 부었다. 몸을 일으키지 못했다. 엄마는 오래 전에 구룡포에서도 아버지에게 맞아서 갈비뼈가 부러진 적이 있었다. 그때 일을 기억한 엄마는 갈비뼈가 부러진 데는 똥물을 먹어야 한다고 생각했다. 병원을 가야한다고 내가 아무리 설득을 해도 엄마는 당신이 생각한대로 고집했다.

한밤중에 바가지와 그릇, 채반을 달라고 하더니 움직이지 못하는 몸을 끌며 변소로 갔다. 채반을 놓고 다시 걸러서 그릇에 붓더니 그 물을 다 마셨다.

"순애야. 내가 니를 봐서라도 살아야제."

나는 할 말을 잊었다. 살아간다는 것의 위대함을 엄마의 삶에서 보았다.

절망이 삶을 가로 막으면 그 절망을 정면으로 뚫고 가리라고 결심한 것처럼 엄마는 살고 있었다. '이 불행도 내 삶의 일부분이다.' 라고 선언한 사람처럼 엄마는 삶으로 나를 가르쳤다. '사람이 어찌 똥물을 마실 수 있단 말인가!' 엄마는 사흘 밤을 똑같이 되풀이 했다. 매일 밤, 마당을 기어가다시피 해서 그렇게 퍼 먹은 똥물은 정말 효과가 있었다. 부러진 엄마의 갈비뼈가 다시 올라 붙었는지 부어있던 자국은 점점 가라앉아 원래의 모습을 찾아갔다. 정말 신기한 일이 아닐 수 없다.

슬픈 자화상

내 방에 박혀 밖을 나오지 않은 채 며칠이 흘러갔다. 외가에서도 일하러 와 달라고 찾아오는 이가 없었다. 사람들을 만난다는 것이 무서웠고 산다는 것이 두려웠다. 지금 이 상황을 어떻게 박차고 나가야 할지 그 길도 모르지만 용기도 의욕도 내겐 없었다. 이 낯선 곳에서 바다가 그리웠다. 태어나고 자란 고향의 앞바다. 바로 이럴 때 달려갔던 바다가 그리웠다. 검푸른 바다 앞에 서면 마음이 확 트이고, 마음껏 소리 지르며 울고 나면 속이 후련했는데, 꽉 막힌 내 가슴 속에 작은 희망의 빛이 비쳐왔는데, 여기 이곳에선 방문을 열면 산들이 사방으로 둘러처져 질식해 버릴 것만 같았다.

이젠 외갓집 친척들도 아예 우리가 여기 산다는 것조차 인정하고 싶지 않다는 듯 발길을 뚝 끊어버렸다. 며칠 동안 나는 아무 것도 먹질 못했다. 엄마가 몸의 기운을 좀 차린다 싶으니 내가 드러 눕고 말았다. 생병이 나를 깊은 수렁으로 점점 빠져들게 하였다. 사람들이 싫었다. 먹는 것도 산다는 것도 모두 싫었다. 나는 왜 이런 부모의 자식으로 태어났는지. 이제 막 건강이 회복되어가는 엄마는 나 때문에 또 눈물로 지새웠다. 밥 먹으라고, 일어나서 무슨 말이라도 해보라고, 애원하듯 타이르는 엄마에게 나는 짜증을 내며 소리를 질렀다. 가슴속에 쌓여 터질 듯한 감정이 폭발한 것이다.

"엄마는 왜.. 왜 날 이렇게 낳았어. 이렇게 지지리 고생시키고 이렇게 죽는 꼴 보고 싶어서 날 낳은 거야. 왜 진작 아버지하곤 헤어지지 못한 거야. 저런 사람이 무슨 남편이라고 그 궁상을 떨며 사냐고. 난 죽어 버릴 거야. 아버지가 죽지 않으면 내가 죽을 거라구. 엉엉…"

나는 아버지가 듣고 있다는 것을 알고 더욱 악을 썼다. 미친 아이마냥 나는 울분을 억제하지 못했다. 이젠 아버지 대신 내가 미쳤나 보다. 나는 아버지가 싫었다. 내 아버지가 이런 사람이라는 것이 너무도 싫었다. 이런 내 모습에 충격을 받았는지 아버지는 매일 술을 더 마셨다. 이젠 아버지도 자포자기 상태였다. 술만 먹으면 습관처럼 입에선 욕을 했고 무엇이든 때려 부쉈다.

나는 아버지가 엄마를 때리든 살림을 다 부시든 꼼짝도 하지 않고 누워있었다. 말리고 싶지도 않고 이젠 죽이든 말든 관심도 없었다. 내 마음속에서는 될 대로 되라는 식이었다. 엄마는 비명을 지르더니 또 쓰러졌다. 나는 꼼짝도 하지 않은 채 누워서 이빨을 깨물며 두 주먹을 움켜쥐고 부들부들 떨고 있었다.

아버지가 죽이고 싶도록 미웠다. 당장 일어나서 아버지를 언덕 아래로 힘껏 떠밀어버리고 싶었다. 엄마가 당한 고통만큼 아버지에게도 아픔과 상처를 줘야 한다는 생각뿐이었다. 그러나 마음속으로 치밀어 오르는 아버지에 대한 분노를 나는 삼켜야 했다. 아버지와 똑같은 자식이 되고 싶지 않았다. 그러던 어느 날, 믿기지 않는 일이 벌어졌다.

외갓집에서 사준 송아지를 키우고 있었는데, 엄마는 아픈 몸으로 쇠죽을 끓였다. 그리고 쇠죽을 퍼서 쇠죽 통에 담고 있었다. 아버지는 문턱에 걸터앉아 담뱃대를 빨고 있었다. 조용히 있던 아버지가 갑자기 욕을 하며 담뱃대로 비녀 지른 엄마의 머리를 내리쳤다. 엄마가 잠시 머뭇거리자 아버지는 다시 내리치려고 문턱을 넘어서는데, 어느 새 엄마가 녹슨 헌 낫으로 아버지 오른쪽 발등을 내리찍었다. 아버지는 비명을 지르면서 방으로, 엄마는 부엌으로 들어갔다. 순식간에 벌어진 일이었다. 나는 엄마가 실성했나 싶어 부엌으로 뛰어 들어갔다. 그곳에서 엄마는 웃고 있었다. 섬뜩했다. 그것이 처음이자 마지막인 엄마의 반항이었다.

다음 날 나는 아침 일찍 일어나 부르지도 않은 외갓집에 스스로 일하러 갔다. 마침 바쁜 날이었다. 잔심부름에서 밭일까지 별말없이 일만 했다. 온종일 따사로운 햇살을 안고 일을 할 동안 외갓집 식구들은 엄마와 나의 고초를 다 안다는 듯이 마음 아파하였다. 고향에서도 그래서 살지 못하고 이곳으로 오게 되었다는 사실까지도 이미 짐작하고 있었다.

　점심때였다. 외숙모가 나를 따로 불러 은밀한 이야기를 꺼냈다. 그것은 다름 아닌 아버지 같이 병든 사람은 혼자 살아야 그 병을 고칠 수 있다는 것이다. 그래서 말이라며 엄마와 내가 아버지 몰래 어느 부잣집에 들어가 몇 년 동안 마음이라도 편히 식모살이를 살다 오는 게 어떻겠냐는 것이다. 그러면 아버지는 외갓집에서 한 번씩 들여다보겠다고 했다. 나는 집에 돌아와서도 엄마에겐 말하지 않았다.

　밤새 뜬 눈으로 새운 나는 온종일 외갓집에서 모내기에 바쁜 하루를 보냈다. 이젠 나의 운명에 도전하며 살기로 하였다. 좀 더 담대한 마음으로 삶을 받아들이기로 하였다. 마음이 한결 편해졌다. 그날도 하루 일을 마치고 외갓집에서 주는 보리쌀을 한 말 머리에 이고 집으로 오는 길이었다.

　이젠 조금만 가면 우리 집이라고 생각하며 가고 있는데 길에서 만난 이웃집 어르신 한 분이 나를 보더니 집에 급히 가보라고 일러주었다. 놀란 나를 보고 덧붙이기를 시끄러운 소리가 나는 것으로 보아 또 한바탕 싸움이 벌어진 모양이라고 하는 것이다. 온몸에 맥이 빠졌다. 이젠 집에 간다는 것조차 두려웠다.

엄마가 떠나간 날

나는 논둑에 주저앉아 들풀을 보며 내 마음을 달랬다. 보리쌀 자루를 옆에 놓고 넋 나간 사람마냥 먼 하늘을 보고 있었다. 그때 윗마을에서 외사촌 오빠가 급히 자전거를 타고 내려왔다. 오빠는 헐떡거리며 우리 집에 가는 길이란다. 오빠는 보리쌀 자루를 자전거 뒤에 싣고 나에게 뛰어오라고 손짓을 하며 앞서 가버렸다. 오빠가 같이 가주니 마음이 한결 든든했다. 지난번에 와서 아버지에게 호령했던 그 오빠가 이번엔 아주 벼른 듯이 흥분을 가라앉히지 않은 채 달려갔다.

집에 도착하니 조용했다. 한바탕 전쟁이 끝난 뒤에 오는 고요. 모든 아우성을 침묵이 덮고 있었다. 아버지는 엄마의 옷을 꺼내 가위로 갈기갈기 찢고 있었다. 바로 옆에는 엄마가 외출할 때 신는 고무신이 작두로 싹둑 잘려진 채 놓여있고, 쪼그리고 앉아 울고 있는 엄마는 입고 있는 옷마저 다 찢기고 온몸을 지게 몽둥이로 맞아 벌벌 떨고 있었다. 엄마의 머리는 풀어헤쳐지고 입술은 터지고 부어올라 있었다. 무지막지하게 맞아 차마 눈뜨고 볼 수 없는 모습이었다. 아버지는 입에 거품을 물고 씩씩거리며 일어섰다.

눈에는 시뻘건 핏줄이 얽혀 짐승 같은 눈빛이었고 몸짓은 마치 약 먹은 짐승처럼 제정신이 아니었다. 나는 아버지의 눈빛만 봐도 정신이상 증세임을 금방 알아볼 수 있었다. 아버지의 손에는 낫이 들려있었다. 오빠가 마당에 들어서는 것을 보자 아버지는 손에서 낫을 놓는 것이 아니라 갑자기 울고 있는 엄마의 머리채를 감아쥐고 죽인다고 소리를 지르며 난동을 부렸다. 한 쪽 손에 낫을 들고 아무도 가까이 오지 말라며 발악을 했다. 아버지는 오빠의 얼굴을 보자 더욱 흥분하였다. 그러면서 엄마의 머리채를 흔들며 다그쳤다.

"니년이 눈 맞춘 놈이 누군지 말해라. 말해 이년. 죽기 싫으면 말해라. 이년아, 이년…"

나는 온몸이 사시나무 떨 듯 마구 떨려왔다. 아버지의 눈은 완전 뒤집혔다. 악마가 아버지 영혼을 삼켜 버린 것 같았다. 아버지는 저 낫으로 정말 엄마를 죽일지도 모른다. 내 눈은 오직 아버지가 들고 있는 낫에 가 있었다. 잘못하면 엄마가 크게 다칠지도 모른다는 불안감이 내 목을 조여 왔다. 외사촌 오빠도 너무 놀란 나머지 속수무책으로 넋 나간 사람마냥 서 있기만 했다.

오빠는 마당 주변을 한 바퀴 살피는가 싶더니 눈길을 마당에 세워둔 긴 몽둥이에 모았다. 오빠는 아버지가 눈치 채기도 전에 아주 빠른 움직임으로 그 몽둥이를 잡아든 동시에 아버지를 향해 내리쳤다. 낫을 들고 있던 바로 그 손등을 쳤다. 낫은 허공으로 날아가 마당 한가운데로 떨어졌고 아버지는 오빠를 공격할 기세로 뒤돌아보는데 오빠가 아버지의 팔을 뒤로 제치며 우둑 소리가 들리도록 꺾었다.

"세상에 이런 미친 짓이 어디 있나. 당장 방으로 들어가요!"

그 소리가 얼만큼 큰지 앞산이 쩌렁쩌렁 울렸다. 오빠가 너무도 강한 기세로 나갔기 때문인지 아버지는 한 풀 꺾었다. 순순히 말을 들었다. 뒤로 힐끔 돌아보면서 방으로 들어가는 아버지의 맨 발바닥에는 때가 까맣게 끼여 있었다. 귀신같은 몰골로 울고 있던 엄마를 추스려 옷을 대충 갈아입힌 뒤 오빠는 만신창이가 된 엄마를 부축하여 집 언덕을 내려갔다.

외갓집으로 간 엄마에게서는 별다른 소식이 전해오지 않았다. 일주일쯤 되어 내가 외갓집을 찾아갔을 때에는 이미 엄마는 어디론가 간 뒤였다. 엄마가 나를 두고 또 가버렸다니 서운하고 슬펐다. 아니 엄마를 위해서는 어쩌면 잘 되었는지도 몰랐다. 일주일, 이주일.. 시간이 갈수록 엄마에 대한 소식은 점점 궁금해져만 갔다. 그러나 엄마가 어디서든 편히 지낼 수만 있다면 힘들고 고생스러운 건 상관없었다. 엄마가 없으니 아버지는 오히려 조용하고 술도 마시지 않았다. 싸울 대상이 없어서 그런지 다시 고향에서 보던 불쌍한 모습으로 돌아가 낙이 없는 하루를 보냈다.

엄마가 떠난 지 한 달이 되었을 때, 엄마가 내게 보낸 사람이 왔다. 나를 데려오라는 부탁을 받았단다. 물론 외갓집으로 말이다. 나는 혼자 있을 아버지 생각에 잠시 망설여지긴 했지만 그 보다는 엄마에게 가야 한다는 생각이 앞서 외갓집에서 시키는 대로 하였다. 아침에 일하러 가는 것처럼 집을 나서서 나를 데리고 가기로 한 사람과 외갓집에서 만나 이 마을을 떠나는 것이다. 무거운 마음으로 낯선 사람을 따라 길을 나섰다.

 버스에서 내려 긴 강을 가로지른 다리를 건넜다. 다리 아래로 유유히 흐르는 물결 속에 내 슬픔을 떠나보내고 싶었다. 그렇게 걷기를 삼십여 분 이상을 더 걸어갔다. 동네 입구로 들어서니 수십 호의 집들이 옹기종기 모여 있고 논과 밭들이 꽤 넓은 들을 이루고 있었다. 사과 과수원들도 여기저기 눈에 띄었다. 머지않은 곳에 강줄기가 흐르고 있어 조용하면서도 살기 좋은 마을로 보였다. 외갓집이 있는 마을에 비하면 도시나 다름없었다.

part
2

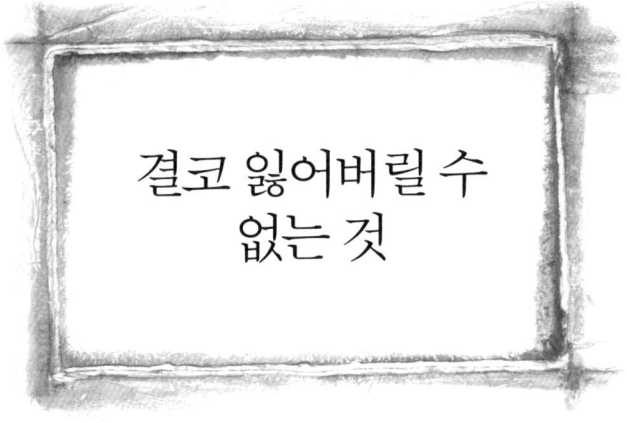

결코 잃어버릴 수
없는 것

어린 식모

발걸음이 멈춰선 곳은 큰 대궐 같은 집 앞이었다. 대문 사이로 눈길이 갔다.

"산운 댁. 산운 댁 있는가?"

엄마의 택호였다. 엄마의 목소리가 뒤꼍에서 들려왔다. 나는 보따리를 마당에 떨어뜨린 채 엄마에게로 달려갔다. 엄마는 나를 보자마자 소리 내어 울기부터 하였다.

"내 딸 순애야… 흑흑…"

"엄마… 엉엉…"

엄마와 나는 낯선 집에서 다시 만났다.

엄마는 그날 밤, 나를 팔베개해서 눕혔다. 그리고 내가 새로 식모살이 갈 집을 이야기해 주었다. 엄마 옆에 누운 내 눈에 눈물이 그렁그렁 한 것을 엄마는 못 보았다. 내가 엄마와 떨어져서 또 다른 낯선 집으로 간다는 사실 앞에서 먹먹하기만 했다.

"그 집에 가면 쌀밥도 배불리 먹여주고 니가 말 잘 듣고 착하면 공부도 갈채 준단다."

"엄마! 공부라 캤나?"

나는 공부라는 말에 벌떡 일어나 앉았다. 그리고 눈꼬리를 타고 흐르던 눈물을 손등으로 닦았다.

"그래. 우리 순애야. 이 어린 것을 떼어 보내야 하니 엄마 맘이 아프구나. 미안하다 순애야."

"엄마! 나 괜찮다. 엄마만 여기서 잘 있으면 나도 가서 잘 할 끼다. 엉엉…"

엄마는 나를 힘껏 껴안았다. 그날 밤 엄마가 잠든 후에 내 보따리 안에 숨겨진 성경책을 꺼냈다. 파란색 가죽의 작은 성경책은 하나님 말씀이 담겨있다. 나는 그 성경책 위에 손을 얹어 하나님께 기도를 드렸다.

"구룡포에서 버려진 나를 엄마 곁으로 오게 해 주신 하나님. 이제 저는 엄마 곁을 떠나 낯선 집으로 새로운 길을 떠납니다. 어디로 가게 될지 저는 모르지만 하나님은 저 혼자 보내지 않으시고 저와 같이 가실거지요. 하나님! 저희 엄마도 지켜주시고 저도 지켜주세요. 그리고 불쌍한 우리 아버지도 지켜주세요. 우리 가족은 내일이면 모두 떨어져 혼자씩 살게 되더라도 하나님이 모두를 다 지켜주세요. 언젠가 우리 세 식구가 다 함께 살 수 있도록 도와주세요. 하나님."

나의 기도는 눈물범벅이었다. 구룡포에서 교회 선생님이 이 성경책을 주실 때 하신 말씀은 내 마음에 꼭꼭 새겨져 있었다.

"순애야. 하나님께 드리는 모든 기도는 다 이루어 주신단다."

그 한마디가 나를 살게 하는 힘이었다. 선생님의 말씀대로 믿고 하나님께 기도하여서 엄마를 만났다. 이제 엄마를 떠나면서 다시 하나님께 약속의 기도를 드린다. 지금은 아무 것도 느낄 수 없지만 시간이 지나간 후에는 분명히 기도한대로 다 되어 있을 것이라 믿었다. 잠든 엄마 옆에서 한참 동안 엄마 얼굴을 바라보았다. 엄마의 모습을 내 눈 속에 마음속에 꼭꼭 새겼다. 이전에 엄마가 그랬던 것처럼.

이튿날, 나를 엄마가 있는 곳까지 데려다 주었던 보따리 장사 아주머니를 따라 길을 떠났다. 엄마는 끝내 울음을 터뜨렸다. 나는 엄마의 손을 놓고 아줌마를 따라 나섰다. 한참을 걷다가 문득 뒤를 돌아보았다. 모퉁이에 서서 울음으로 흔들리는 엄마의 어깨를 보았다.

"엄… 마…"

나의 걸음마다 눈물이 떨어졌다. 엄마의 인생에 슬픔의 계곡을 타고 흐르는 눈물이 언젠가는 환한 웃음으로 바뀌는 그 날이 꼭 오기를 기도했다. 이제 엄마의 모습은 내 마음의 벽에 걸린 그리움이 되었다. 엄마와 마주했던 많은 시간들을 내 마음속에서 재연하며 견뎌야 한다. 꽃은 매년 새로 피어나는 게 아니라 제자리로 다시 돌아오는 것처럼 나도 엄마 곁에 돌아올 것이라 믿었다. 그리움이 시간으로 쌓여 탑이 되어갈 때 우린 다시 만날 것이라 믿었다. 버스를 타고 한참을 갔다. 나를 데리고 가는 아주머니를 끈이 없는 줄에 매여 내 몸은 그렇게 따라만 갔다. 나를 어디까지 데리고 가던지 내 몸만 갈뿐, 내 마음은 엄마 곁에서 꼼짝하지 않았다. 엄마와 나는 떨어져 있어도 뿌리가 매여 있었다. 엄마의 마음과 내 마음이 포개진 것처럼 하나였다. 엄마의 그리움은 나였고 나의 그리움은 엄마였다. 그리움의 뿌리도 하나였다. 마음과 마음이 맞닿아 있었기에 손을 뻗으면 닿을 것만 같았다. 나의 현실은 절망 속에 있어도 마치 희망은 절망의 뒷면에 있다는 것을 그때 알았다.

어느덧, 내 발은 또 다른 낯선 집 대문 앞에 왔다.

"사모님. 말씀드린 아이를 데려왔습니다."

정중히 허리 굽혀 보고를 했다. 안경을 코에 걸친 주인 사모님의 두 눈은 뒤에 선 나에게로 향했다. 아무 말이 없었다. 나는 넋이 나간 아이처럼 줄곧 엄마 생각에서 정신을 차렸다.

"얼굴색이 안 좋네. 어디 아파요?"

뜻밖의 반응에 나를 데리고 간 아주머니가 당황을 했다.

"어디 아픈 데는 없을 긴데요."

그때서야 사모님은 한 쪽 발을 내딛으며 오른손으로 내 턱을 치켜들었다.

"니 입 한번 벌려봐라."

목소리가 단호했다. 나도 모르게 입을 아 벌렸다.

"니 어데 아팠노? 눈알. 혓바닥. 얼굴색이 다 병식인 아를… 쯧쯧…"

"아! 그렇습니꺼?"

나를 데리고 간 아주머니가 쩔쩔맸다. 나는 다시 또 입을 벌리라고 하면 절대로 안 벌리리라 다짐하듯이 입을 꽉 다물었다.

"야를 안 쓸 깁니꺼?"

"…"

너그러움과 웃음은 어디로 팔아먹었는지 냉정과 단호함의 침묵만이 흘렀다. 그 집 마당에선 눈부신 햇살이 곤두박질을 치며 맨발로 놀고 있었다. 나는 그 숨 막히는 긴장감에서 벗어나고 싶어 마음이 까맣게 타들어 갔다.

"여기까지 델꼬 온 아이니 놓고 가세요."

"아. 예. 알겠습니더."

그제서야 얼어붙어 있는 나에게 아주머니가 내 손을 잡으며 말했다.

"순애야. 니 인제 이 집에서 산다. 알겠제?"

"아줌마. 저 엄마한테 델꼬 가 주세요."라고 목구멍까지 올라오는 생각을 꾹 누르고 마음과는 달리 고개를 끄덕였다.

"그래. 순애야. 사모님이 무서운 것 같아도 정이 많으신 분이다."

그리움의 노래, 외로움의 기도

멍석이 깔린 아랫방, 아니 방이라기보다는 곡식자루를 넣는 광이라고 하는 것이 맞을 법한 곳에 안고 간 보따리를 내려놓았다. 나 혼자 누우면 딱 맞는 공간이었다. 나를 데리고 왔떤 보따리 장사 아주머니는 바쁘다고 점심 먹고 가라는 말을 뿌리치고 대문을 나섰다.

"순애야. 니가 여기서 말 잘 듣고 있으마 너거 엄마가 데릴러 올끼다. 알았제."

마지막으로 남긴 말이다. 마당 한 쪽에 옹기종기 놓인 단지가 반짝반짝 햇살아래 빛났다. 누렁이가 처음 보는 내 발에 와서 비볐다. 주인을 안 닮은 것 같아서 좋았다. 매일 단지를 반질거리게 닦아야 한다고 말했다. 작두에 여물 써는 일을 배우란다. 쇠죽도 내가 끓여야 했고, 십분 이상 걸어가야 하는 빨래터에서 어른 옷들을 모두 빨아야 한다고 했다. 디딜방아로 오른손으로는 줄을 잡고 양쪽 발을 번갈아가며 방아를 찧는다.

사모님은 내게 해야 할 일을 말해줬다. 나는 예, 예. 대답만 했다. 안채에 큰 방 세 개와 대청마루를 물걸레로 아침, 저녁 두 번 닦아야 했다. 내가 먹는 밥은 누룽지를 먹어야 한다고 말했다. 집 뒤 밭을 매고 숯을 만들어 삼베 적삼 등 옷을 풀하여 다림질까지 깨끗이 손질해 놓으라고 했다.

"저는 그런 건 한 번도 안 해본기라 잘 모릅니다."라고 말하고 싶었다. 저녁나절, 쇠죽솥에 불을 지피며 쇠죽을 끓이고 있을 때 흰 카라에 까만 교복을 입은 단발머리 여학생이 집안으로 들어왔다. 갑자기 내 가슴이 쿵쿵 뛰었다. 내가 너무도 입고 싶었던 교복! 단정한 상상속의 내가 거기 나타났다. 나는 어쩔 줄 모르고 고개를 숙였다.

"엄마. 애 새로 왔어?"

짜증 섞인 소리로 물었다.

"그래. 오늘 새로 온 애야."

그 집 딸이었다. 단정한 첫 모습과는 달리 목소리가 신경질적이더니 눈알을 부라리며 나를 훑어보았다.

"니 몇 살이야? 이름은 뭔데?"

"니 우리 집에 식모로 첨 왔어? 딱 보니 어리버리네. 맞지?"

머리가 빙 돌았다. 나의 대답에는 아랑곳 하지 않고 방으로 휙 들어가 버렸다. 주인아주머니를 똑 닮은 성격이었다. 끓인 쇠죽을 양동이에 퍼 담고 소죽 통으로 들어다가 세 번 부었다. 그 위에 등겨를 뿌리고 소밥을 주었더니 소가 큰 눈망울을 껌뻑이며 맛있게 저녁을 먹었다. 나는 부엌아궁이 앞에 쪼그리고 앉아 주인아주머니가 바가지에 내 밥이라고 준 누룽지를 숟갈로 퍼 먹었다.

오랫동안 내 안에 묻어 두었던 구룡포에서의 슬픈 기억의 냄새가 났다. 들고 있던 바가지에 눈물방울이 뚝 떨어졌다. 천정을 향해 고개를 든 채 눈물을 안으로 밀어 넣었다. 엄마 생각에 목젖이 찔려 왔다. 오랫동안 내 품에 묻어두었던 바다 냄새가 배여 있는 슬픈 기억들이 나를 흔든다. 빛바랜 흑백 사진 속에 울고 있는 나를 여기서 마주쳤다. 바다 냄새나는 사진 속 아이가 내게 말을 걸었다.

"넌 아직도 아궁이 앞에서 쪼그리고 앉아 울고 있니?"

작은 내 창고 같은 방에서 밤을 샜다. 내 보따리 속에 숨겨온 성경책을 꺼냈다. 하나님은 아신다. 나는 언제까지 여기서 엄마를 기다리며 견뎌야 하는지를… 내일 밝은 햇살이 누굴 위해 비추는지… 이 집에서 견뎌내는 고통이 얼마만큼의 눈물의 강을 건너야 우리 엄마를 다시 만날 수 있는지를…

주인집 딸 같은 운명을 나에게는 주시지 않았다. 다른 애들처럼 엄마랑 같이 살지 못하고 항상 엄마가 그립도록 하시는 하나님! 그 그리움의 끝자락에 매달려 나를 견디게 해 주시는 하나님!

밤새 내 마음에 담겨진 기도였다. 지금의 눈물겨운 시간들이 흘러가 내가 어른이 되었을 때, 지금의 슬픔은 오히려 눈부신 햇살로 빛나게 되리라. 이 슬픔도 내 삶의 아름다움의 일부분이 되어 있으리라. 꽃이 진 자리에 초록이 무성하게 자라고 열매를 맺듯이 내 슬픔의 자리에 맺혀있을 아름다움을 보리라.

나는 나에게 말했다.

"넌 슬퍼도 괜찮아. 곧 만나게 될 엄마가 있잖아. 넌 슬퍼도 괜찮아. 견딜 수 없이 슬픈 날에는 나를 만나주시는 하나님께 기도하면 되잖아. 주인집 딸 같은 교복 한 번 입어보지 못해도 슬퍼하지 마. 교복보다 더 좋은 인생의 옷을 입혀주실 하나님이 계시잖아. 주인아주머니에게 혼나도 괜찮아. 구룡포에서 떠돌이 거지로 살았을 때도 있었잖아."

나는 몸과 마음의 생각이 따로였다. 내 마음속에는 온 종일 이렇게 기도했고 나에게 말을 했다. 나는 혼자서 삶을 이겨내는 비결을 익혀갔다. 지금은 단지를 닦고 있어도 내 마음은 구름 위에서 나를 보고 있었다. 파아란 하늘이 나를 위해 파랬다. 바다를 하늘에 띄워준 것처럼. 내 마음속에는 노래가 있었다. 그리움이 노래가 되었다. 외로움이 기도가 되었다. 슬픔이 내 속을 채웠다. 눈물이 생각을 길렀다. 풀 냄새 속에는 여치가 노래했다. 내 방 창고엔 귀뚜라미가 나랑 같이 있어 주었다. 나는 이들이 함께여서 행복하다. 울다가 보면 웃고 있고, 날마다 마주하는 힘겨운 일상이었으나, 나의 내면에는 매일 낯선 시간을 만났다. 고통도 슬픈 운명도 나를 삼키지 못하도록 벽에 꽝 박아버렸다.

언 달빛이 나를 보았다

식모살이는 겨울이 무서웠다. 내 작은 창고 방은 냉굴이었다. 찬 바닥에 내 등짝이 오그라 들었다. 웅크리고 누워서 몸을 달달 떨었다. 턱까지 떨리고 이빨 소리가 났다. 오후 내내 꽁꽁 언 강에 구멍을 뚫고 어른 빨래를 빨았다. 검정 고무신 속 발가락이 동상에 걸렸다. 얼음구멍 속에 흐르는 물에 빨래를 넣고 빨려면 건져 올릴 때 무릎을 얼음 위에 꿇고 무거운 빨래를 들어 올려야 했다. 낮에는 햇살로 견뎠다. 빨갛게 얼은 맨손으로 마당 빨랫줄에 빨래를 널었다. 무거운 빨래가 가느다란 빨래줄 하나에 온통 매달렸다. 줄 한가운데 긴 나무로 만든 장대를 걸어서 축 쳐진 빨랫줄을 세웠다. 저녁나절, 주인아주머니가 외출에서 돌아와 빨래에 때가 갔는지를 검사하였다. 내가 죽도록 얼어붙은 강에서 빨아온 옷은 다시 빨으라는 불호령이 떨어졌다.

"니가 밥 묵고 한 일이 이거가? 당장 이 옷들을 다시 빨아 와라. 흥."

주인아주머니가 내 머리를 한 대 쳤다.

"이것도 빨래라고 빨았어?"

나무장대를 빼 널려있는 빨랫줄을 마구 흔들어서 빨래들을 마당에 곤두박질 치게 했다. 그 장대로 나를 힘껏 쳤다. 나는 엉덩이, 등짝, 허리를 나무장대로 맞았다.

"잘못했습니다. 잘못했습니다. 엉엉…"

큰 다라이에 흙덩어리가 된 빨래들을 다시 담았다. 어둠이 내린 강가로 다시 나갔다. 내 빨래터로 얼음구멍을 뚫어놓은 곳에 벌써 새 얼음이 덮이고 있었다. 바람이 매서웠다. 강에 어둠이 완전히 내려왔다.

참으려 해도 눈물이 자꾸 떨어졌다. 빨래가 손에 쩍쩍 달라붙었다. 고요한 강에서 "쩡… 쩡… 쩡…" 울리는 얼음소리가 무서워졌다. 빨래를 빨던 손을 멈추었다. 어디선가 나를 부르는 소리가 들려오는 것만 같았다.

"순애야! 순애야…"

엄마의 목소리였다. 자리에서 벌떡 일어나 어두운 사방을 두

리번거렸다.

"엄마. 엄마! 아악…"

환청이었다. 달이 나를 보고 있었다. 이 강가에 외로운 내 인생이 서 있었다. 바람결에 서걱대는 갈대가 흔들리는 소리는 바람이 준 여운이었다. 얼만큼 속울음을 삼켜야만 삶은 행복이라고 말할 수 있을까. 언 발바닥보다 더 굳어진 얼음장 같은 내 마음에 하늘의 달빛이 내려와 앉는다. 내 볼에 흐르는 눈물 위에 손을 내민 달빛이 이 고요를 타고 내려왔다.

절망의 낭떠러지에 매달린 나는 달빛을 통해 아득해진 내 운명의 줄을 잡았다. 한 번씩 다가오는 죽음 같은 그림자는 혹독하게 내 운명을 향해 비수를 날렸다. 그 밤. 강가에서 죽음의 껍질을 벗고 다시 태어나듯 뚜벅뚜벅 빨래를 머리에 이고 집으로 돌아왔다. 온 종일 언 몸이 차가운 방 냉굴에서 오돌오돌 턱 밑까지 오한이 일었다. 밤 새 엄마를 부르다 새벽녘에 잠이 들었다.

"순애야!"

엄마가 나를 부르는 목소리로 눈을 떴다. 언 내 몸이 불덩이가 되어 있었다. 식은땀이 흐르고 온몸이 바늘로 찌르듯이 아파왔다. 벌벌 떠는 몸으로 쇠죽솥에 불을 지폈다. 눈물이 아닌 땀이 볼을 타고 흘렀다. 결국 쇠죽을 다 끓이지 못한 채 아궁이 앞에서 정신을 잃고 말았다.

나를 기다리는 엄마에게로 내 영혼은 나비가 되어 훨훨 날아갔다. 엄마 옆에 나란히 누워 잠자는 상상을 했다. 온종일 깨어나지 못한 내 몸은 내 자리에 눕혀있었다. 사람들의 수군거림이 들렸다. 그리고 방문이 열렸다. 누군가 내 발을 흔들었다.

"순애야. 정신 차리봐라."

입이 열리지 않았다. 이번엔 더 큰 소리로 나를 흔들었다. 그제서야 그 목소리가 누군지 알았다. 옆집 아주머니였다.

"세상에. 이 땀이 뭣이고. 사람인데 우찌 이리되도록… 쯧쯧…"

내 입에선 끙끙 신음소리만 절로 나왔다.

"순애야. 니 살았제. 얼른 일어나 이거 묵어봐라."

"으… 으… 으…"

"어서 정신 채리 봐라 순애야. 내가 죽 조금 쑤 왔다."

얼굴에 골 깊은 주름이 자리를 잡은 옆집 아주머니는 주인 몰래 내게 먹을 것을 챙겨주신 분이었다. 내가 쓰러진 거 어찌 아시고 이런 따스한 죽을 쑤어 오셨는지… 온종일 굶은 나는 씹지도 않고 후루룩 넘겼다. 희미한 눈빛이 살아나는 것 같았다.

"고맙씸니더. 참말로 고맙습니다."

절망을 바스러지도록 밟았다

단 하루도 소홀함이 없었다. 내가 살고 있는 하루하루를 떠올리면 언제라도 눈물이 날 것이라는 것을 미리 예견하며 살았다. 눈을 밟는다. 발밑에서 겨울이 스치고 속절없는 시간이 부서져 내렸다. 빈 몸으로 선 겨울나무가지에 잠시 바람이 걸음을 멈추었다. 누가 앞서 거니 뒷서 거니 해도 나에게 주어진 길만 가면 된다.

산골 오두막에 달빛으로 기둥을 세우고 바람으로 지붕을 덮은 예쁜 내 인생의 집을 지으리라. 지금 내 어린 날의 집은 구부러져 있지만 낮이 가고 밤이 가다보면 새 날을 맞으리라.

엄마가 살아온 세월의 어깨 위로 얹히는 세월 속에 내 작은 운명도 엄마의 가슴에서 자란다. 아무리 힘들어도 오늘의 시간은 영원히 오지 않는다. 내일은 새로운 오늘이다. 영원한 것은 없다. 모든 것은 지나가는 것이고 사라지는 것들. 지금 나는 옛 시간을 품고 지금을 살고 있다. 현실은 비참할수록 내 눈망울은 더욱 빛난다.

내 마음에 궁금한 모든 것들은 삶으로 답을 얻는다. 존재의 의미는 삶의 의미이고 삶의 의미는 인간 존재의 의미이다. 삶으로 답을 얻는다. 내게 무의미한 날은 단 하루도 없다. 내가 무엇을 하는가는 중요하지 않다. 나는 날마다 새 날을 선물로 받았다. 그 하루를 살아있는 시간으로 사는 것이다. 내가 느끼며 살고 있는 것을 누군가는 아주 오래 전에 이미 깨달았을 것이다.

천 년 전에 불던 바람이 지금도 불고 있듯이, 바람이 가지 않는 곳이 어딘가. 그가 나뭇가지를 스치면 새 봄이 온다. 봄은 먼저 와 나뭇가지 위에 앉아 있다. 내 마음속에는 눈물샘이 멈추지 않는다. 내 눈물샘에 물고기가 살고 있다. 내가 실컷 울어야 물고기가 헤엄친다. 옷은 더러워도 괜찮다. 영혼이 깨끗한 바람처럼, 나도 어디든지 가고 싶다. 나의 눈물은 이렇게 시가 되었다.

한 해, 두 해 겨울이 갔다. 아릿한 마음의 허기를 채울 수 없어 햇살이 방문턱을 넘는 그림자를 따라 나섰다. 내 나이 열여섯 살. 검정고무신은 처음 올 때 신은 그대로였다. 키가 자라고 발이 자라서 발가락이 옹쳐서 절룩거렸다. 디딜방아를 찧었다. 쇠죽을 끓였다. 빨래도, 다림질도 곧잘 했다. 단지도 반들반들, 집 청소도 가마솥에 밥도 고들고들하게 곧잘 했다. 이제는 주인아주머니가 혼내지 않아도 척척했다. 주인집 딸은 양쪽 두 가닥으로 머리를 땋아서 고등학교를 다녔다. 그 방 책상 위에서 훔쳐 본 책들과 노트. 높은 학교에 간 사람은 어떤 고민을, 생각을 하는지 궁금했다.

내 마음은 이 집에서 살아냈던 시간 속에서 깊은 골짜기를 팠다. 겨울나무처럼 살아남기 위한 안간힘이 나를 살게 했다. 여름의 뙤약볕이 수그러들고 가을햇살로 바뀌었다. 어느 날 꿈속에서 아버지를 보았다. 내 마음 밖에 있었던 아버지가 꿈을 통해 내 속으로 들어왔다. 슬프고 무서움이 겹쳐지며 내 몸이 떨려왔다. 그리고 며칠 후.

"순애야! 순애야!!"

"어? 엄마다. 나의 엄마! 엄마!!"

지금 내 귀에 그리움 속 엄마의 목소리가 먼저 달려왔다. 부엌

문을 열고 마당으로 발을 내 딛을 때 대문 안으로 들어오는 분이 분명 나의 엄마였다. 내 귀를 의심할 겨를도 없이 엄마의 몸이 마당을 들어서더니, 순간 들고 있던 보따리를 마당에 놓아버렸다. 그리고 나를 향해 빠른 걸음을 옮겼다. 정녕 꿈이 아니었다.

엄마와 나는 그 순간 한 몸이 되었다. 나의 바싹 마른 몸이 엄마의 품속에 빨려들어 갔다.

"순애야. 내 새끼. 얼마나 보고 싶었는지 아나."

엄마의 눈물이 내 얼굴에 묻어났다. '아! 이런 날을 얼마나 기다렸던가.' 내 마음속에서는 날마다 이 감격의 날이 나래를 쳤다. 그 상상의 나래를 타고 나의 엄마가 현실 속으로 들어왔다.

폐허에 밝혀진 불

엄마를 따라 3년째 식모를 살았던 집을 나섰다. 엄마의 손을 꼬옥 잡았다. 엄마의 얼굴은 주름이 잡혔다. 이따금 하늘을 쳐다보았다. 내 속이 안으로 더 깊어진 만큼이나 엄마의 눈빛에서 속으로 깊어지는 많은 시간을 보낸 엄마를 느낄 수 있었다. 엄마와 나는 버스를 탔다. 덜컹거리는 비포장도로를 먼지를 흩날리며 달렸다. 엄마와 나는 가을이 끝나가는 들판을 차창 밖으로 내다보며 무심한 '세월이 이만큼이나 흘렀구나!'를 속으로 느꼈다. 읍내에서 집을 향하여 걸어가는 길은 먼 길이었다. 엄마와 나는 각자 보따리 하나씩을 머리에 이고 걸었다.

"엄마. 내가 아부지 꿈을 꿨다."

"그랬나? 안 그래도 니 아부지 소식 들었다."

엄마는 깊은 한숨을 한 번 내쉬더니 아버지 얘기를 했다. 나를 식모 사는 집으로 데려다 준 보따리 장사 아주머니가 얼마 전 외갓집이 있는 곳을 다녀왔는데, 아버지가 밥도 굶고 혼자서 다 죽어간다는 소문을 듣고 왔단다. 엄마는 며칠 밤을 새우다가 벌써 아버지를 버리고 집을 나온지 3년이 되었다는 것을 생각하며 집으로 돌아가기로 결심을 했단다.

엄마는 비쩍 마른 나를 향해 식모 살면서 키가 많이 컸다고 말했다. 나는 엄마에게 식모 살던 날들의 배고프고 힘들었던 얘기를 절대 하지 않기로 마음먹었다. 엄마의 좋은 기억을 그대로 간직하기만을 바랬다. 산언덕을 세 개를 넘고 마을을 지나 한참을 걸어 소나무 숲이 있는 옛텃골 언덕 위에 금방이라도 주저 앉을 것만 같은 움막집이 보였다. 엄마도 나도 이제야 정말 집으로 돌아왔다는 것을 저만치 집이 보이니 실감이 났다. 집으로 올라가는 언덕길이다. 숨이 찼다. 풀들이 다 덮어버린 마당. 엄마가 쇠죽 끓이던 솥이 보였다. 굳게 닫힌 방문 앞에 섰다.

"아부지요. 아부지."

폐허 같은 집 방문 앞에서 아버지를 불렀다. 기척이 없었다. 나는 한걸음 다가가서 방문을 열었다. 아버지가 웅크린채 누워있었다.

"아부지요."

죽은 사람처럼 늘어져 누워있던 아버지의 몸에 꿈틀거림이 느껴졌다. 방안으로 들어가 아버지의 등을 손으로 만지며 아버지를 불렀다. 아버지가 눈을 떴다.

"아부지요. 괜찮습니꺼?"

나를 확인한 순간 아버지의 눈에 눈물이 먼저 흘렀다.

너무도 말라서 부서질 것만 같은 몸을 일으켰다. 많은 굶주림과 외로움으로 죽음 직전에 있었다.

엄마와 아버지가 서로를 확인한 순간, 두 사람 눈에서 눈물이 흘렀다.

엄마와 아버지가 서로 부둥켜안고 울었다. 아버지의 몸은 으스러질 듯이 말라 있었다. 목소리도 나오지 않았다. 불쌍하리만큼 방치되어 있었다. 마당을 나와 부엌으로 갔다. 무너져 내린 폐허가 되어 있었다. 쌀 한 톨, 물 한 모금이 없었다. 사람이 사는 집이 아니었다. 이대로 겨울이 오고 찬바람과 눈이 내리면 폐허 속 무덤에 아버지는 갇혔을 것이다. 아버지에 대한 뜨거운 마음이 코끝이 찡해왔다.

'하나님! 우리 아버지를 지켜주세요.'

옛텃골 언덕 위 쓰러져가는 초가집에 온기가 찾아왔다.

우리 세 식구는 이제 절대로 떨어지지 않기로 마음으로 다짐했다. 금방이라도 흙덩이가 떨어질 것 같은 방안에 세 식구가 나란히 누웠다. 아버지는 이빨마저 다 빠져 발음이 분명하지 않지만 말을 하고 싶어 하셨다. 예전의 아버지는 인제 영영 볼 수 없게 되었다. 혼자 계실 동안 아버지는 완전히 옛 모습이 사라져 버렸다.

다시 쓰는 일기장

 큰 소나무 아래 초가집에는 행복이 찾아왔다. 너무도 오랜만에 웃음소리가 밖에까지 들릴 만큼 크게 났다. 내 자리로 돌아왔다는 안도감과 비록 움막 같은 흙집이라도 우리 세 식구는 각자 떨어져 외롭게 견디어온 승리의 기쁨을 함께 누리며 행복해하였다.
 사람들이 보기에는 비천하게 사는 우리 집의 모습이어도 세상 그 무엇도 부럽지 않았다. 같이 있기만 해도, 눈빛만 마주 보아도, 행복한 우리 집이 되었다. 하나님이 도와 주셨다.
 나의 삶속에 희망이라는 문을 활짝 열어주었다. 가을이 깊어 주변은 가을걷이에 바빴다. 아버지의 건강이 조금씩 나아졌다. 외갓집에서 우리를 예전처럼 대해주었다. 마을에 한 집에서 송아지 한 마리를 키워보라고 사줬다.
 나는 엄마의 하루일과를 옆에서 따라하며 똑같이 배웠다. 겨울은 금새 찾아왔다. 나는 물동이를 이고 세 동이를 우물에서 물을 길어 부엌 안 단지에 부었다. 쇠죽을 끓이려면 물이 많이 필요했다.

밤마다 내 마음 판에 새진 것이 떠올랐다. 남의 집에 일하러 가면 변소에 걸려있는 헌 책들을 나는 몰래 숨겨서 가지고 왔다. '이 아까운 책을 왜 찢어서 버릴까.' 내 마음에 새로운 눈이 뜨여지고 있었다.

장날에 연습장과 일기장, 연필 한 다스를 난생 처음 샀다. 마음이 날아갈 듯이 기뻤다. 옛터골은 전기가 없어 호롱불을 켜놓고 상위에 공책과 헌 책을 펼쳐 똑같이 따라 적었다. 한 자 한 자 글씨를 따라 썼다. 한글을 잘 모르는 나는 소리 내어 읽는 시능도 했다. 받침 있는 글씨는 거의 몰랐다. 그리고 매일 받침이 맞지 않는 글씨라도 일기를 쓰기 시작했다. 그런 내 모습을 보고 있던 아버지와 엄마도 흐뭇한 표정으로 웃는다. 한 달이 지나갔다. 한 겨울로 접어든 산골마을에서는 낮에 산에서 땔감 나무를 지고 와야 방에 따뜻이 군불을 지필 수 있었다.

뜨끈뜨끈한 아랫목에 아버지와 엄마가, 나는 윗목에서 공책의 흰 바탕이 다 없어지도록 열심히 글씨를 쓰고 또 썼다. 나는 일기장에 슬픈 바다냄새가 나는 구룡포의 기억들을 조금씩 적었다. 뼈에 사무치고 영원히 지워지지 않을 것 같았던 기억들이 지금은 조금씩 옅은 색깔로 희미해져가는 기억의 끝자락을 잡아 일기장에 담았다.

슬픈 날의 초상

　일기장 위에 눈물 한 방울이 뚝 떨어졌다. 밀려오는 슬픈 날의 초상이 글씨만 쓰도록 나를 가만두지 않았다. 글씨가 되기 전에 기억이 떠올랐고, 기억보다 더 빨리 그때의 감정이 내 속에서 밀려 올라왔다.

　지나온 까마득한 날들의 내가 살아있기 위한 눈물겨운 몸부림과 처절함이 그대로 글씨 속에 같이 따라왔다. 과거를 현재로 끌어오는 힘이 바로 일기를 쓰는 작업 속에서 일어났다. 과거는 지나가버린 날들이지만 내 온몸으로 살며 견디어 온 그 생생한 기억이 현재 속으로 이동시켰다. 내 슬픈 과거는 나의 일기장 속에 담긴 채 세월을 건너뛴다.

　언제든 그 일기장을 펼치면, 어릴 때 버려진 채 울던 그 아이가 수십 년이 흘러간 뒤에도 일기장 안에서 걸어 나올 준비를 하고 있었다. 내가 살아온 길이란 내 마음대로 지울 수 없는 영원한 나의 것임을 알았다.

　밤새 산 짐승의 울음소리를 들으며 책장을 넘겼다. 공책에 빼곡히 써내려가는 글씨들… 내 마음의 행복이 찾아와 조금씩 자리를 잡았다. 이러한 환경 속에서 나의 사춘기는 고통과 절규, 절망의 낭떠러지로 떨어졌다가 다시 희망과 도전으로 이어지고 있었다. 조각난 내 마음, 나의 지나온 날들의 산산이 부서진 내 자아가 몇 갈래로 찢어지듯 밤새 나를 죽음의 늪으로 몰아넣었다. 속에서 비명이 터져 나올 즈음 다시 생명의 젖줄을 부여잡듯 그렇게 삶으로 올라오고 있었다.

밤마다 일기장을 펴놓고 더딘 글씨보다 내 마음의 절망감이 앞서가고 있었다. 인간이 태어나서 이렇게 겨우 먹고 살기 위하여 온종일 밭고랑을 기어야 한다는 사실, 처절한 현실 속에서 나는 이제 겨우 글씨를 터득하기 위해 헌 책을 베끼면서 문득, 나란 존재의 삶의 의미가 무엇인지 나 자신에게 묻고 있었다. 내 마음은 깊은 물음표에서 멈춰진 상태로 밤을 샌다.

몸을 접어 웅크린 채 매일 밤 나는 내 마음이 소리죽여 우는 소리를 들었다. 수많은 날들을 안으로 속울음을 삼키며 버려진 존재로 살아왔던 끔찍스러운 생각들이 밤마다 내 속으로 달려들었다. 내 안에서 갑자기 열꽃들이 퍼져 올랐다. 순식간에 열이 내 온몸을 점령했다. 며칠 동안 간헐적으로 지속되는 고열이 내 몸과 내 생각들을 다 태워버린다는 느낌이 들었다. '아! 이러다가 죽는 것일까. 이렇게 죽음은 가까운 것일까. 그렇다면 굳이 선택할 필요도 없는 것 아닐까. 받아들이기만 하면 되는가.' 생각하며 죽음 앞에 내 몸을 맡기고 나는 눈을 감았다.

며칠 동안의 깊고 혼곤한 잠에서 깨어나 눈을 뜨자 눈물 맺힌 엄마의 눈이 바다처럼 보였다. 일렁이는 파도처럼 엄마의 바다가 내 얼굴에 떨어져 내 얼굴을 씻겨 주었다. 일어나고 싶었다. 일어서야 했다. 나를 보고 있는 가련한 엄마를 위하여… 내가 기운을 차리고 난 후 처음 한 일은 소 풀을 먹이러 가는 일이었다. 내 손에는 헌 책이 들려있었다.

칡넝쿨이 우거진 산기슭을 오르면 소는 신나게 풀을 뜯어먹느라 정신이 없었다. 달려드는 파리를 쫓느라 꼬리만 이리저리 흔들며 주둥이는 풀밭에서 떨어지질 않았다. 나는 소 줄을 잡고 뒤를 따라다니며 책을 읽었다. 더 이상 까막눈이 아닌 나를 보았다. 일기장에 빼곡히 글씨가 쓰여졌다. 밤마다 호롱불 아래 작은 상을 펴고 헌 책과 공책, 일기장을 붙들고 슬픔으로 가득 찬 내 속으로 깊이 파고 들었다.

인간이 살아가는 삶이라는 풍경 속에서 각자가 겪어내는 온갖 슬픔들이 어찌 내게만 있으랴… 이제 겨우 열여섯의 별자리가 내 머리 위를 지나가는 삶에 쏟아져온 숱한 아픔들. 깊은 밤, 가까이서 토해내는 산 짐승의 울부짖음이 적막이 흐르는 산골마을을 깨웠다.

방문을 열고 어둠 속으로 내 발을 내딛었다. 내 발아래 어둠의 무게가 느껴졌다. 코끝을 스치는 찬 기운이 볼을 건너 사라진다. 하늘과 땅. 어둠을 구별할 수 없는 먹빛 속에서 내 동공이 멈췄다. 보이는 것은 없어도 산 속의 휘감고 흐르는 밤의 적막을 가슴으로 느낄 수 있었다. 하늘에 해맑게 박힌 또렷한 별들의 눈이 초롱초롱 빛났다. 어둠 속에 젖어드는 사물이 보였다. 별이 손을 뻗으면 한웅큼 잡혀질 듯 내 머리 바로 위에 있었다.

맑은 영혼의 눈을 뜨다

어느 날부턴가 나는 밤마다 마당 옆 큰 소나무 사이로 하늘에 총총한 별들을 쳐다보며 눈 바라기를 하는 즐거움을 누렸다. 책들을 붙잡고, 마치 허기진 배에 밥을 퍼 넣듯이 글을 빨아들였다. 스폰지에 물이 스며들 듯이 모든 책들이 빨려 들어왔다. 공책 한 권을 다 책속에서 빼 올린 글들로 채우고 나면 내면의 행복감이 차올랐다. 나는 점점 이해할 수 없는 책에 눈을 떴다. 낮이면 남의 집에 일하러 갔다. 밤이면 그 집 자녀들 책상에 꽂혀있던 책을 빌려왔다. 시집을 보았다. 탄성이 질러졌다. 그 날 당장 그 시집을 빌려와 밤 새워 내 공책에 다 옮겨 적었다. 그 다음 날도 또 그 다음 날도 나는 시집을 매일 밤 한 권씩을 다 섭렵했다. 손에서 책을 내려놓을 수가 없었다. 시집 스무 권을 그대로 몽땅 옮겨 적었다. 온 동네 집집마다 자녀들이 도시에서 공부하고 있는 집들을 찾아서 시집을 빌리러 다녔다. 그 해 겨울 시집에 푹 빠졌다. 하늘의 별과 달이, 내 볼을 스치는 겨울바람이, 내 친구가 되어 주었다. 밤새 시집을 옮겨 적으며 호롱불처럼 흔들리던 내 마음을 바로 잡았다. 내 영혼에 책이 꽂혔다. 바로 이것이었다. 내가 찾고 있던 것이 바로 이것이었다.

투명 냇물에 투명 푸름의 투명 풀잎을 흘려보내는 아릿한 내 마음이 시에서 비쳐왔다. 봄은 물가에 앉아 있었다. 우리 집 옆 소나무 가지 위에도 살포시 내려앉았다. 어느 날, 조그마한 나비한 마리가 나풀나풀 큰 봄을 데리고 왔다. 나비는 조그마한 날개짓으로 그 많은 봄바람을 몰고 왔다.

한 없이 슬프고 절망스러울 때는 온몸이 말라버릴 정도로 울어버리면 된다. 그 눈물이 땅에 떨어져 아름다운 꽃을 피울 것이다. 울창한 숲을 이루던 나무는 옷을 다 벗었다. 그 찬바람 속에서도 의연하게 이겨낸 겨울나무가지에 새움이 돋고 있다. 신비한 기적을 보며 하나님의 신비를 깨닫게 했다.

학교 다니지 못한 내게도 이제는 시간의 의미를 한 권의 책으로 공부하며 사는 삶을 배워가고 있었다. 시간은 언제나 현재가 되고 현재가 모여 영원이 될 것이다. 이제는 내가 무얼 하며 살든지 시간을 끊임없이 나의 내면을 채워나가고 창조해 나가는 자세로 살 것이다.

죽음 같은 시간을 이겨내려면 생명의 뿌리가 살아있을 때만 가능하다. 뿌리는 하나님을 바라보며 붙잡는 간절한 믿음과 기도로 사는 마음의 자세임을 깨닫는다.

끊임없이 내 속에 젖어드는 절망감 앞에 무력하게 무너지는 내 영혼이 '하나님, 저를 불쌍히 여겨 주세요.'라고 울며 기도하던 날, 이 놀라운 깨달음을 주셨다. 그때부터 마음에 참 평안이 찾아왔다. 하나님이 나와 함께 해 주신다는 믿음의 확신을 가지게 되었다. 이제는 어떤 겨울도 두렵지 않는 자신감이 생겼다.

어느 시인의 시 '축복'

이른 봄에 내 곁에 와서 피는
봄꽃만 축복이 아니다
내게 다가오는 건 다 축복이었다
고통도 아픔도 축복이었다
뼈저리게 외롭고 가련하던 어린 날도
내 발을 붙들고 떨어지지 않던
진흙덩이 같던 절망도 모두 축복이었다
그 절망이 아니었으면 내 인생의 뼈가
어찌 지금처럼 튼튼해졌으리요
내 멱살을 잡고 다리를 걸어
길바닥에 내팽겨치고
어둔 굴속에 가둔 시간도
영혼의 담금질이었다
시련도 비명도 내게 오는 건 다 축복이다

이제는 깊은 시의 의미가 가슴에 파고든다.

문학 속으로 들어가다

프랑스 철학자 파스칼(1623-1662), 39세로 단명한 그의 책 '팡세'는 그가 죽기 4년 전부터 바깥출입을 못하고 오로지 글에 집중하여 쓴 책이다.

수백 년 전의 한 사람의 책을 통하여 그의 생전의 사상과 정신을 내가 배우며 깨닫는 바로 이것이야 말로 영원한 진리라는 사실을 알았다. 내가 두 번째 만난 책은 독일 출신의 괴테의 '젊은 베르테르의 슬픔'이었다. 날마다 일기를 쓰며 내 자신을 세워가고 있던 나에게 이 책은 감동적으로 다가왔다. '젊은 베르테르의 슬픔'은 괴테(1749-1832. 82세 사망)를 세계적인 작가로 명성을 떨치게 한 작품이다. 화창한 봄날에 '젊은 베르테르의 슬픔' 같은 책을 읽으면 감상과 낭만이 짙디짙은 설움의 물감처럼 가슴 한편을 물들인다. 봄은 나를 시인이 되게 하고 철학자가 되게 한다.

꽃은 웃어도 소리가 들리지 않고 새는 울어도 눈물이 보이지 않는다. 가슴이 시에 젖어오면 꽃에서 시를 줍는다. 괴테는 인간이 살아간다는 것은 본질적으로, 즉 '어떻게 살아야 하는가?' 하는 생각에 따라 '어떻게 살고 있는가'가 결정된다는 것이다. 그 사람의 세계관은 삶에서 나와서 다시 그 사람의 삶속으로 들어간다고 했다.

괴테의 '젊은 베르테르의 슬픔'은 25세 때 4주 만에 완성한 작품인데 비해, 24세 때 초고를 집필하기 시작했던 '파우스트'는

1832년에 세상을 떠나기 직전에야 비로소 완성한 대작이다. 파우스트의 집필 기간은 괴테의 전 생애인 83년 중 60년에 걸쳐서 쓴 작품이다. 괴테의 인생의 체험과 고뇌, 문학적 상징이 녹아있고 인생에 대한 관찰과 지혜가 집약되어 있는 괴테의 영혼의 책이다.

괴테는 자신의 삶의 체험을 문학으로 형상화함으로써 체험의 상처와 위기를 극복해 나가는 힘을 가졌다. 내팽겨 쳐진 과거의 폐허 속에서 한 권의 책과의 만남은 위대한 한 영혼과의 만남으로 나를 위로해 주었다. 한 장씩 넘길 때마다 나의 가슴은 떨렸다. 내 인생을 바꾼 몇 권의 책들이 내게 준 것은 떨림과 경이였다. 이제껏 바닥을 짚으며 살아온 내가 안 인생과는 또 다른 세계의 눈을 뜨게 해 주었다. 나는 비록 낮에는 흙 속에 묻혀 남의 집 밭고랑을 파고 있을지라도 가슴 속에는 큰 포부가 싹터 인생을 바라보는 또 다른 눈과 정신, 올바를 판단력을 가질 수 있게 해 주었다.

한 권의 책을 읽으면 그 책에서 얻어지는 영감을 노트에 기록하기 시작했다. 끝없이 반복되는 기록하는 습관은 점점 더 많은 책들을 정독하게 하는 새로운 길이 되었다. 노트 한 권 속에 많은 책의 중요점이 기록되기 시작했다. 노트 한 권을 다 기록했을 때 나만의 기쁨이 내 마음을 춤추게 했다. 나는 일기장에 이런 글을 썼다.

"이 책은 나의 학교다. 책 두 권 읽은 사람은 한 권 읽은 사람보다 앞서간다."

나는 책 속에 내 마음을 걸었다. 바로 이 책이야 말로 나를 그 산골에서 오래 견디도록 잡아주었다. 밤마다 책을 붙잡고 나의 내면을 깊이 파고들어갔다. 내 안으로 들어가는 시간이었다. 나란 존재가 아무 가치가 없는 삶일지라도 나는 안간 힘을 쓰며 살기를 작정하였다. 내가 죽을 것처럼 하늘이 노래져도 죽지 않으면 세상은 끝나지 않았다.

나는 내가 모른다는 사실을 깨닫기 위해 책을 읽어야 했다. 세계적으로 위대한 삶을 살다간 사람들, 위대한 작품을 남기고 떠나간 많은 사람들에게는 철저한 고독과의 싸움으로 자기 혼자만의 시간을 통해 주옥같은 보석을 건져 올렸다는 공통점이 있었다. 인간에게 '절대 고독과 외로움'은 자기 성찰의 최고의 시간임을 그 고독의 바닥을 짚어보지 않고서는 모른다. 여기에서 삶의 호흡이 깊어지는 시간이 되리라.

이른 아침부터 나는 밭에 일하러 가야 했다. 그런 내가 책에 미쳐서 밤을 새웠다. 나는 책 속에서 지금 내가 사는 세상이 아닌 다른 세상을 보았다. 이미 본 세상을 안 본 것처럼 살 수는 없었다. 하루는 밤늦도록 책을 읽다가 내일은 꼭 비가 오게 해 달라고 속으로 기도를 드렸다.

새벽 닭 울음소리를 들으며 잠깐 눈을 붙였는데 잠결에 빗소리가 추적추적 들리는 듯 했다. 깜짝 놀라서 일어나 보니 정말 꿈속에서처럼 마당엔 비가 내리고 있었다. 너무도 좋아서 하마터면 소리를 지를 뻔했다. 온 종일 마당에 빗소리를 들으며 책을 보다 또 그대로 엎드린 채 잠이 드는 행복한 나만의 하루는 짧았다.

사람에겐 이렇듯 때가 있는 것일까. 그토록 번민했었는데 구름 걷히듯 말끔히 사라지고 새로운 세계를 알아가기에 바쁜 지금의 내 모습이 너무 좋다.

비록 가난하게 살아도 하루하루 행복감이 우리 집 방문턱을 넘어왔다. 몸이 아프신 아버지. 당신의 운명 앞에 온몸을 불사르는 나의 엄마. 가슴 속 맷돌 짝 같은 기억을 안고 눈물겹도록 희망의 지팡이를 짚고 일어서는 나. 우리 세 식구는 서로가 함께여서 행복했다. 책을 읽으면 마음의 힘이 길러진다. 마음이 풍요로워지면 움막집이라도 부끄럽지 않았다. 내 영혼의 허기가 채워지니 모든 것이 넉넉함으로 다가왔다.

그것은 존재의 넉넉함이었다. 사람들은 소유의 넉넉함에 목숨을 건다. 그보다 소중한 가치는 인간 내면에 존재의 넉넉함이다. 이따금씩 두고 온 고향 구룡포의 바다가 생각났다. 내 마음에 저녁노을이 물들면, 두 팔을 벌리고 탄성을 질러본다.

열일곱 탁아소 선생

우리 마을에 전기가 들어왔다. 읍내에서 산을 넘고 넘어서 큰 마을까지 전봇대가 세워지는 모습을 본 지 수년이 되었다. 이때 우리 마을에 또 다른 변화가 일어났다.

당시 새마을 운동이라는 이름으로 농촌 살리기 운동이 활발했다. 마을마다 4-H 구락부가 결성되어 모임을 가졌다. 우리 마을에도 처음으로 4-H 구락부가 결성되었다. 지·덕·노·체의 농촌 계몽운동이었다. 이때 나는 심훈의 '상록수'란 책을 읽고 있었다. 나는 책 속에 나오는 여자 주인공 채영신을 동경하며 가슴에 푸른 꿈을 담았다. 내 심장이 살아있는 박동 소리를 들었다. 사람은 가슴에 이상을 품고 살 때 그 삶이 위대해진다는 것을 알았다. 농촌도 이제 단순히 생존을 위한 생계 수단으로만 농사를 지을 것이 아니라 '농촌이 살아야 나라가 산다,'는 원대한 포부를 가지고 4-H 회원으로 가입을 했다.

겨울이 되면 마을회관에 사람들을 모이게 한 후 농촌지도소에서 공무원이 나와서 영농기술 교육을 시켰다. 4-H에 대해여 전혀 아는 바가 없었던 나는, 새로운 교육을 받고 기술을 익혀 농촌의 젊은이들이 앞장서서 농촌을 개척해나가야 한다는 이야기에 크게 마음이 움직였다.

당시 4-H회원은 고등학생부터 청년들까지 구성되었다. 내 나이 또래는 나 빼고 모두 학생이었다. 스무 살이 넘은 오빠들 몇 명과 이제 막 열일곱이 된 나만이 마을에 남아있는 셈이었다. 당시 농촌지도소는 농촌 여성들을 대상으로 농촌 생활개선 등의 프로그램으로 교육을 시작했다. 비용일체를 농촌지도소에서 지원

하였으므로 나는 배움의 일념으로 갔다. 농촌 새마을 유아원 보모 교육을 받으러 갔다. 바쁜 농번기에는 너나없이 일을 나가야 했기에 어쩔 수 없이 어린 아이들조차 들로 밭으로 데리고 다녔다.

취학 전 아이들을 마을 회관에 모아 놓고 농촌 탁아소를 운영하였다. 나는 보모교육을 받았다. 유아발달심리에서부터 그리기, 만들기, 노래, 율동 등 다양한 이론과 실습을 곁들인 탁아소 보모교육은 내게 새로움을 주었다. 6월부터 우리 마을에도 탁아소가 처음으로 생겼다. 아침 일찍부터 미리 준비한 명단을 들고 집집마다 찾아갔다. 다 합해서 스물다섯 명의 아이가 되었다.

도시에서 쓰다버린 헌장난감을 한 자루 보내왔다. 마을 아이들과 처음 보는 장난감 자루를 쏟아붓고는 모두 하나씩 집어 들었다. 어떤 아이는 말을 타보고, 어떤 아이는 차를 가지고 놀고, 또 어떤 아이는 총 놀이를 하며 신이 났다. 하루 이틀이 지날수록 나는 어린 아이들에게 가르쳐야 할 것이 무엇인지 스스로 터득해 갔다. 엄한 벌도 필요하고 따뜻한 사랑도 필요하다는 사실을 말이다.

일주일 단위로 교육 프로그램을 짜서 수요일은 점심 도시락을 준비해오게 하여 가까운 들판이나 강가로 소풍 겸 나들이도 갔다. 아이들과 함께 고무신을 벗어서 올챙이도 잡고 소꿉놀이도 하며 나는 어릴 때 누리지 못했던 동심으로 돌아갔다. 농번기 동안 봄과 가을에 각각 한 달씩 탁아소 운영을 3년 동안 계속했다. 나는 어린 꼬맹이들의 유일한 동네 선생님이었다. 무엇보다 아이들과 함께 보낸 시간들은 잿빛으로 물든 내 유년의 기억을 씻어 내는 데 큰 도움이 되었다. 티 없이 맑은 아이들의 눈빛에서, 겁에 질려서 웅크리고 앉아 무서운 아버지의 무지막지한 폭력만 바라보았던 어린 순애가 마을 아이들과 해맑은 표정으로 웃고 있었다.

나도 이젠 웃을 수 있다는 자신감이 살아났다. 억눌린 슬픔이 내 가슴 속에서 저 높이 흰 구름 속으로 훨훨 날아가고 있다.

열일곱 살 때, 4-H 교육을 받으러 나를 무조건 보냈다. 모범 교육생 상도 받아왔다. 1981년 내 나이 열여덟 살에 나는 4-H 연합회 청송군 여부회장으로 뽑혔다. 많은 교육을 이수하게 되었고, 매번 교육마다 공책에 기록하며 착실하게 임했다. 과제장 기록을 위해 한 해 동안 착실하게 기록한 과제장을 제출하여 상을 받기도 했다.

사람은 역시 배워야 한다는 것을 더욱 깨달았다. 무슨 일이든 생각만 해서는 안 된다. 실패할지라도 부딪쳐야만 그 경험이 내 것이 된다.

4-H 활동을 통해 농촌 운동의 한 부분이나마 내게 주어진 몫이 있다는 것이 기뻤다.

기록하지 않는 하루는 죽은 하루다

일주일에 한 번씩 우체부 아저씨가 농민 신문을 배달해 주었다. 〈새마을〉, 〈새농민〉 월간지도 우리 집으로 보내왔다. 나는 그 책과 농민 신문을 꼼꼼하게 읽었다. 어느 날은 〈새농민〉 책에 농촌생활 수기를 써서 보냈는데, 책에 실렸다. 내 마음속에 말할 수 없는 기쁨이 솟아났다. 틈틈이 써낸 원고들이 책에 실릴 때마다 책을 붙잡고 나를 지켜내는 보람이 느껴졌다. 나는 헌책, 헌 신문 하나라도 버리지 않았다. 그 어떤 것을 통해서도 배움의 자세를 가졌다.

이 무렵, 내가 살고 있는 청송군에 커다란 변화가 일어났다. 얼마 전부터 입소문을 통해 이곳에 삼청교육대 사람들이 온다는 말이 들리더니 이내 그 소문은 사실로 드러나고 있었다. 그 소식을 들은 청송 사람들의 불만은 한결같이 그런 것이 왜 하필이면 우리 청송에 생기냐는 것이었다. 청송에 교도소가 생긴다면 지금껏 산수가 좋고 물이 맑아 약수가 유명하고 인심 좋은 시골 그대로의 정취가 사라진다는 것이었다. 그 즈음 우리 집은 아랫마을에 오랫동안 비어있던 집을 얻어서 살게 되었다. 땅도, 허름한 빈 집도 다 남의 것이었다.
　어느 날이었다. 내가 매일 걸어 다니던 우리 마을로 오는 길 오른쪽 양정마을에 오래 전부터 대공사가 벌어졌는데 사람들은 여기에 무엇이 들어오는 지 아무도 몰랐다. 그런데 건물들이 보이기 시작했고, 그 속으로 차들이 줄줄이 왕래했다.

교도소를 들어가는 입구 쪽에는 처음 보는 아파트 공사까지 함께하고 있었다. 직원들이 살 집이라 했다. 당시만 해도 아파트를 볼 수 없었던 만큼 시골 사람들은 모이면 그것을 이야깃거리로 삼았다.

'기록하지 않는 하루는 죽은 하루다.' 내 공부 상 앞에 걸린 글이다. 매일 일기를 쓰며 하루를 기록한다는 것. 그것은 나의 내적 세계를 확인하는 작업이기도 했다. 몇 자의 글이라도 좋았다. 적어놓고 싶었다. 날마다 반복되는 일상인 것 같지만 내 속을 흐르는 생각은 끝없이 새로웠다. 날마다 내 안에 흘러가는 생각을, 사고의 흐름을 기록하고 싶었다. 나는 고전읽기에 매료되었다. 한국문학 전집을 한 권씩 읽으면서 노트에 줄거리와 좋은 문장들을 기록하는 일로 한 해 겨울이 흘러갔다. 천자문을 사주신 아버지의 마음에 감동을 받아서 천자문을 한 자 한 자 손으로 쓰고 외웠다. 그 후에 '사서오경' 책을 빌려 왔는데, 말로만 듣던 '논어'를 손에 들고 하나님께 감사의 기도를 드렸다.

한동안 나는 '사서오경'에서 빠져나오지 못했다. 이때 나는 인간의 근본에 대한 한 시각을 얻는 기회를 가졌다. 어려웠지만 내 생각의 뿌리를 다져주는 것 같았다. 이후의 나의 생각은 이때의 영향을 가장 많이 받았던 것 같다. 한 권의 책으로 밤을 새우며 희망의 등불이 나를 향해 비추고 있는 것 같았다. 칠흑 같은 어둠은 사라지고 아침은 어김없이 밝아왔다. 밤 새 수많은 생명이 이 땅을 떠나가도 어김없이 새 날은 어제의 태양 그 모습으로 다시 떠올랐다. 하나님은 인간에게 말씀하신다. 너희 인간들에게 주어진 시간은 아이들의 소꿉놀이에 불과하다고… 어둠이 깔리면 그네들은 뿔뿔이 흩어져 자기 집을 찾아가듯 너희들에게 주어진 운명의 시간만큼만 헛되지 않게 보내라고… 언제 어느 때 예고 없이 부를지도 모를 운명의 시간을 굳이 기다리고 있을 필요는 없다고 말이다.

part
3

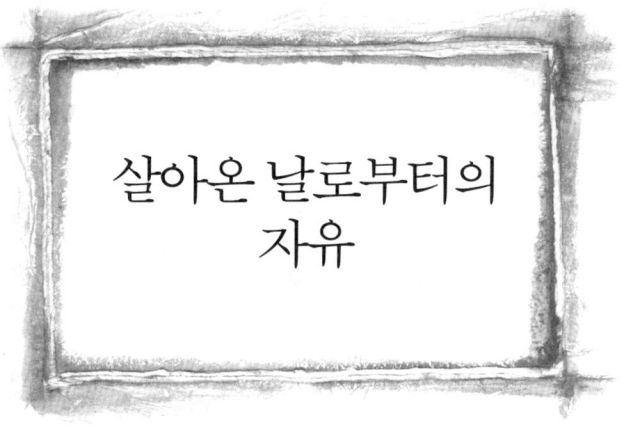

살아온 날로부터의
자유

청송교도소와 나

내가 4-H 여부회장을 맡아 뛰어다닐 무렵 공사가 한창이었던 청송 보호감호소와 교도소는 어느새 말끔하게 지어져 전국의 수많은 교도소에서 죄수들이 청송으로 끝없이 모여들고 있었다.

동양 최대 규모의 교도소와 보호감호소에는 수천 명의 수용자들뿐만 아니라 교도관의 숫자도 수백 명이나 되었으니 내가 살던 마을 바로 앞 동네인 양정 마을은 이젠 그 평화스럽던 시골 마을이 아니었다.

경북 청송군에 위치한 청송교도소와 제1, 2보호감호소. 각 소마다 10개의 건물들로 구성되었고 정문으로 들어가기 전 입구 쪽에 있는 직원 아파트 10여 개 동을 포함하면 그 넓이와 전체 건물의 규모가 엄청나 한 도시를 방불케 했다.

그 아래로 흐르는 강줄기는 내가 매일 건너다니는 다리 밑으로 흘러내리고 감호소 앞을 가로막은 야트막한 야산이 읍내와 정면으로 보이는 길을 막아주는 역할을 하였다. 읍내 쪽에서는 그 안의 모습이 전혀 보이지 않았고 안내판만 우뚝 서서 유형지임을 말해주었다.

일반 사람들에게는 쉽게 노출되지 않으면서도 산과 물이 있고 한없이 넓은 공간이 주변에 넉넉하게 펼쳐진 이곳 양정 마을은 바로 교도소가 들어올 최상의 여건이었다. 수천 명의 수용자들이 포승줄로 온몸이 묶인 채 밖을 볼 수 없는 눈물의 버스에 몸을 싣고 청송의 새 집으로 이사 왔다.

읍내에는 날이 갈수록 낯선 사람들이 많아지면서 음식점이나 술집, 여관 등이 여기저기 생겨나기 시작했다. 전국에서 면회 오는 가족들은 이곳 청송을 당일 코스로 다녀갈 수 없기 때문에 읍내에서 머물게 된다.

조용하기만 하던 읍내는 밤이면 호화스러운 네온사인이 번쩍이고 술 취한 외지인들의 고함이 어둠을 깨뜨렸다. 이제 청송은 옛날의 청송이 아니었다. 서서히 옛 모습을 잃어가며 전국에서 악명 높은 죄인들이 모여드는 곳으로만 널리널리 알려졌다.

어느 날, 4-H 교육을 담당하는 농촌지도소에서 나를 오라는 것이었다. 내용인즉, 새로 문을 연 청송교도소에 새마을 정신교육을 들어가라는 것이었다.

지금까지 아무 생각 없이 그저 듣고만 있던 나는 갑자기 정신이 번쩍 들었다. 눈을 동그랗게 뜨고 쳐다보았다.

청송군 농촌지도소 청소년 담당자님이 내게 계속 말씀하셨다.

"도시에서는 그런 교육을 시킬 만한 사람이 다양하게 있는데 이런 촌에는 누가 그런 데 마음 둘 리가 있겠나. 처음 생긴데다가 전국적인 흉악범들 집합소라고 다들 알고 있는 이런 곳에 누가 와 그놈들을 교육시킬라 하겠나. 그래서 내가 '박순애가 가면 그들에게 꿈과 희망을 심어 줄 수 있겠지!' 하고 생각한 건데, 네가 그곳에 가서 농촌 봉사 활동한 내용을 두어 시간 그들에게 들려준다면 그 사람들에게 좋은 교육이 되지 않을까 싶다. 이걸 의논해 보려고 널 불렀다."

가슴이 뛰었다.

"대답을 듣고 싶구나. 네 생각은 어떠냐?"

"지금까지 상상해본 적이 없는 일이라 많이 놀랐습니다. 지금 생각으론 그 사람들 앞에 선다는 것조차 용기가 나지 않습니다." 라고 대답했다.

그때 담당자님은 어떻게 보면 그 안에 있는 재소자들 인생이 얼마나 불쌍하냐. 네가 그런 곳에도 필요한 사람이 될 수 있기를 바란다. 그것도 이웃을 위해 좋은 일이 아니겠나?"

"저같은 어린애가 그런 사람들 앞에 선다는 것이…"

"나도 생각 많이 해 봤다. 사실 다른 사람을 추천하고 싶어도 사회에서 성공한 사람들이 가서 배부른 얘기들만 하는 것보다 차라리 참신한 시골 소녀가 늙으신 부모님 모시고 열심히 일하며 사는 농촌의 진솔한 이야기를 … 감호소장한테 추천할 사람이 있긴 한데 나이가 좀 어리다고 했더니 괜찮단다. 다음 주 월요일까지 성공사례 내용을 원고지에 써서 먼저 제출해야 된다고 하더구나. 한번 써 보거라."

또 다른 인간들의 세상

돌아오는 발길이 무거웠다. 그들 앞에 서서 강연을 하는 내 모습이 머릿속에서 그려지질 않았다. '어찌 내 인생에 이런 일이 있을 수 있을까!' 라는 생각만 되뇌었다. 지금껏 내가 살아올 동안 단 한 번도 상상해볼 수 없는 일이었다.

밤새 잠을 이룰 수 없는 요동이 일어났다. 두 시간의 강연은커녕 그들 앞에 서면 단 한마디도 생각나지 않고 그 자리에서 얼어붙어버릴 것만 같았다.

나는 마음을 가다듬고 간절히 기도하며 그들을 만날 마음의 준비를 하였다. '성공사례'란 제목으로 원고를 쓰기 시작했다. 내 고향 바닷가에서 출발한 내 인생의 이야기를 한데 묶은 수기를 쓴 것이다. 하나님은 내 인생에서 영원히 함께 갈 교도소의 사역의 길을 이렇게 열어 주셨다.

1982년 11월 어느 날, 열아홉 살의 나는 난생 처음 교도소에 발을 딛게 된 운명의 날을 맞았다.

목요일 아침 9시에 읍내에서 약속한 교도관과 만났다. 교도소 차가 나와 있었다. 내가 탄 차는 제2보호감호소 정문 앞에서 멈추었다. 신분증을 내밀었다. 그리고 출입증을 달고 안으로 따라 들어갔다. 그곳을 지나올 때에 화살표시로 된 네 개의 팻말의 간판이 있었는데 첫 번째 왼쪽부터 '제2보호감호소, 그리고 제1보호감호소, 청송교도소, 1901 경비교도대'라는 간판이었다.

내가 도착한 곳은 제2보호감호소다. 위치로 보면 입구에 위치해 마지막 출소할 자들이 모인 곳이라 하였다. 수많은 건물 주변을 감시하고 있는 전망대 초소가 곳곳에 우뚝우뚝 솟아 있었고 총을 메고 군인들이 움직이고 있었다.

중간철문은 안으로 잠겨 있었다. 작게 뚫린, 눈만 보이는 구멍으로 우릴 내다보던 군인은 문을 열었다.

이번엔 넓은 마당, 아니 운동장이 보이면서 양쪽으로 똑같이 생긴 회색빛 3층 높이의 건물이 여러 개 있었다. 작은 창살이 보이고 빨래가 널려 있어 마치 사람들이 사는 집같이 느껴졌다. 그곳이 바로 재소자들이 있는 곳 즉 사동이라는 곳이다. 그 앞을 지나갈 땐 인간의 냄새가 물씬 났다.

"오늘 강연을 해주실 대상은 여자 감호자들입니다."

"아, 그러세요. 여기, 여자들도 있어요?"

놀랐다. 나는 당연히 남자들에게 강연을 하는 줄 알고 있었다. 하지만 남자보다는 여자가 그래도 낫겠다는 생각이 들었다.

"이곳에는 여자 감호자가 팔십여 명 있지만 오늘 정신교육에 들어가는 여자는 육십 명쯤 될 겁니다."

"그 많은 여자들이 무슨 죄로 이런 곳까지…"

"여러 가지인데 주로 사기나 간통, 절도… 가끔 살인도 있습니다. 죄명은 남자와 비슷합니다."

놀란 내 표정을 보며 그는 웃었다.

전국 교도소 유일의 처녀 강사

교무과장실에 안내되어 처음 인사를 나누며 자리에 앉았다. 나이가 쉰 정도 되어 보이는 교무과장은 다른 직원들과는 달리 사복차림이었다.

"실례인 줄 압니다만 올해 나이가 몇이신지요?"

"…"

갑자기 물어온 질문이라 당황하여 잠시 머뭇거렸다.

"처녀농군이라는 말과는 어울려 보이지 않는 얼굴이에요."

체격이 크고 푸근한 인상의 교무과장은 털털하게 웃으며 농담처럼 그렇게 굳이 답을 바라지도 않는 말을 던지며 시계를 쳐다보았다. 아홉 시 오십 분이었다. 강의 시작 십 분 전이었다. 갑자기 긴장이 되었다.

교무과장은 그런 내 마음을 알아챘는지 차를 권하며 말했다.

"그냥 편안한 마음으로 하십시오. 긴장하시면 더욱 힘들어집니다."

오 분 전을 가리키는 시계를 보며 나는 담당자를 따라 강의실로 갔다.

긴장으로 숨이 막혀버릴 것만 같았다. 조용한 복도에서 걸음 걷는 소리가 크게 울려왔다.

강당 문 앞에서 걸음을 멈추었다.

나는 속으로 기도를 하였다. 기도를 하는 동안 내 마음은 처음

보다 많이 차분해져갔다. 그리고 그들 앞에 설 자신감도 생겼다.

나는 담당자를 따라 강당 안으로 들어갔다. 넓고 큰 강당 안에서 누런 색깔의 옷을 똑같이 입은 여자들의 뒷모습이 한눈에 들어왔다. 여자 감호자들은 머리를 깎지 않고 자유롭게 머리 모양을 하고 있었다. 담당자의 뒤를 따라 단상 위를 향하여 고개를 숙인 채 걸어갔다. 그들이 앉아 있는 가운데 통로로 걸어가는데 다리가 후들거렸다.

단상 위의 내빈석으로 안내되자 담당자는 내 소개를 간략하게 하였다.

"그럼, 박순애 강사님께서 나오시겠습니다."

나는 그 말이 떨어지자마자 자리에서 벌떡 일어났다. 그리고 탁자 앞으로 다가가 마이크 앞에 섰다. 교육생 대표인 듯한 여자가 완장을 끼고 앞으로 나와 나에게 인사를 했다. 구령을 외쳤다. "갱생!" 순간! 나는 어찌할 바를 몰랐다. 그때 갑자기 박수 소리가 터져 나왔다. 모두들 휘둥그레진 눈으로 나를 쳐다보았다. 내 눈에 비친 그들의 모습은 놀라움 그 자체였다. 그들 눈에 비친 나의 모습은 어떠했을까. 그들에게 비하면 나는 어린아이에 불과했다. 나는 아무 말도 하지 못했다. 한순간 침묵의 시간이 흘렀다.

그들을 무섭고 흉악한 여자들일 것이라고 생각했던 나의 예상은 빗나갔다. 그들은 하나같이 아름다운 여인들로 보였다. 삼십 대의 젊은 여인에서부터 백발이 성성한 노인에 이르기까지 그 연령층은 다양했다.

이런 곳이 아닌 사회에서 만났다면, 행여 이런 곳에 올 사람이라고는 생각조차 할 수 없는 따스한 정을 느낄 수 있는 그런 사람들이었다.

오히려 그들 앞에 선 내 자신이 더 못나고 배우지도 못한 촌뜨기였다. 그런 여자들에게 내가 강연을 한다는 것이 우스웠다. 그들은 나처럼 고생하며 가난하게 살아온 사람들로 보이지 않았다. 인생의 희로애락을 다 겪은 사람들에게 대체 내가 해야 할 얘기는 무엇이란 말인가. 그들보다 아무것도 나을 게 없는 내가 무얼 교육시킨단 말인가.

나는 참담한 심정으로 마이크 앞에 섰다. 그리고 하나님께 저들의 영혼을 보게 해 달라고 마음속으로 간절히 기도하였다.

죄인 아닌 사람이 누구이겠는가. 처음부터 그들을 교육한다는 것은 내게는 맞지 않았다. 그들을 바라보는 순간… 내 눈에 눈물이 흘렀다.

처음 보는 그들 앞에서 나는 내 살아온 십구 년을 숨김없이 털어 놓았다.

처음엔 웬 젊은 소녀가 왔느냐고 호기심 어린 눈을 동그랗게 뜨고 쳐다보더니 차츰 그들의 표정이 바뀌어가고 있었다. 얘기 내용이 점점 깊이 들어가면서 그들은 내 삶을 자신들의 살아온 삶과 비교하며 받아들였고 공감하는 부분에서는 슬픈 표정을 짓기도 하였다.

처음 대하는 여자 감호자들에게 어린 시절을 회상하며 오늘에 이르기까지의 나의 삶을 이야기할 동안 나는 가슴이 사무치도록 저려왔다.

여기저기서 울음소리가 들려왔고 흐느끼는 사람들도 많았다. 내 강의가 끝나갈 즈음, 온 강당 안은 울음바다가 되어 무거웠다. 처음부터 끝까지 자리를 뜨지 않고 앉아 있던 담당 교도관도 얼굴이 숙연해져 있었다. 나는 뜨거운 박수 소리를 들으며 단상을 내려왔다.

맨 앞줄 오른쪽 끝에 앉아서 계속 흐느끼던, 머리가 백발인 할머니가 갑자기 일어나 내 손을 잡으려고 넘어질 듯한 걸음으로 울면서 다가왔다. 담당 교도관은 할머니를 보자 금방 얼굴이 변하며 눈을 부라렸다.

나는 그 할머니의 손을 꼭 잡았다. 할머니는 뜨거운 눈물을 흘리며 말없이 울기만 하였다. 나는 할머니의 어깨를 감싸 안았다.

"고마워요, 강사님. 꼭 내 딸 같아서… 내 딸을 보는 것 같아서…"

두 번이나 딸 이야기를 하며 울었다. 할머니는 당신의 딸을 그리워하며 내 손을 잡고 운 것이다. 주변에 앉아 있던 많은 감호자들은 나와 눈이 마주치자 눈물을 닦으며 인사를 했고 어떤 사람은 자리에서 일어나 허리를 굽혀 인사를 했다. 모두들 친근감 있는 눈길을 보내왔다. 나는 그들이 내 손을 한 번 잡아보고 싶어 한다는 걸 느끼면서 강당을 떠났다.

울음바다가 된 강의실

정문을 향해 걸어 나오는 동안 내 강연을 끝까지 다 들었던 담당자가 입을 열었다.

"지금까지 다른 외부 강사님이 몇 분 오셨는데 오늘처럼 이렇게 울음바다가 된 적은 없었습니다. 여자 감호자들에겐 원래 여자 강사가 더 안 맞거든요. 하지만 이번 강연은 남자인 제가 들어봐도 눈물이 날 정도였습니다."

"…"

나는 사실 강연이 무엇인지, 어떻게 하는 것이 강연인지도 모른다. 오늘 그들과 함께 있는 동안 그들을 보며 내가 느낀 감동이야말로 내가 그들에게 준 것보다 훨씬 더 감동적이었다.

정문으로 나오는 동안 유난히 빨래가 많이 널려 있던 건물 앞을 지나왔다. 이곳저곳의 창살 사이로 남자들이 밖을 보느라 정신이 없었다.

내가 탄 차는 보호감호소를 금방 빠져나와 읍내로 나왔다.

그날 밤, 내가 이 세상에 태어나 처음 접해본 십오 척 담장 안의 모습, 그곳은 새로운 세계, 또 다른 인간들이 살아가고 있는 하나의 세상이었다. 그 세상 속에 아무 영문도 모르는 한 소녀가 그냥 쑥 들어갔다. 들어가 그 안의 세상을 보고 놀랐고 그들도 나를 보고 놀랐다.

그렇게 보낸 며칠의 시간은 내 마음속에 새로운 파문을 일게 했다. 또 다른 인간 세상에 대한 호기심이 자꾸만 살아났다. 그들의 눈빛들이 잊혀지지 않았다. 며칠이 지났다. 제2보호감호소 교무과장으로부터 다음 주에 한 번 더 와달라는 연락이 왔다. 나의 심장은 뛰고 있었다.

두 번째의 강연을 위해 집을 나섰다.

처음과는 달리 마음이 담담하고 무거운 것은 왜일까. 처음과 같이 흥분되고 들뜬 분위기가 아닌 왠지 모를 인생의 무게가 나를 짓누르고 있었다.

차 안에서 담당자는 나에게 몇 가지 뜻밖의 얘기를 들려주었다.

"사실, 지난주에 강연을 다녀가시고 복잡한 일이 좀 많았습니다."

나는 깜짝 놀랐다. 나로 인하여 무슨 문제가 생긴 것으로 받아들인 것이었다. 그는 얘기하기가 곤란한지 잠시 망설였다. 내가 재차 물었다. 담당자의 말은 이러했다.

나의 강연을 들은 여자 감호자들이 나와 개인적으로 면담을 하고 싶다고 수십 명, 거의 절반에 해당하는 인원이 간곡한 청을 해왔다는 것이다. 심지어 어떤 여자는 그 안에서도 성깔이 대단해 아무도 당해내지 못하는데 그 여자까지 나를 만나 면담하기를 요청했다는 것이다.

담당자는 한마디 덧붙이기를 다른 외부 강사는 이론적으로 강연을 하는데 비해 나는 자신이 고통스럽고 부끄러웠던 사연들까지 있는 그대로 드러내 깊은 공감대가 형성되었기 때문이라고 하였다. 그러기에 그들은 더욱 감명 깊고 잊혀지지 않는다는 것을 설문 조사서에 일일이 적었다는 것이다.

그 안에 있는 사람들은 우선 사람을 멀리하고 경계하며 대부분의 사람들은 마음의 문을 열지 않으려 한단다. 특히 울거나 웃는 사람은 거의 찾아볼 수가 없으며 그저 무덤덤히 아무런 감정 표출 없이 앉아 있는 것이 고작이었는데 유독 내게만은 자신들의 마음 문을 열었다는 것이다.

이 일은 감호소 측에서도 처음 있는 일이라 많이 당황하였을 뿐만 아니라 고민되는 부분도 많다는 얘기를 하였다.

"그래서 드리는 부탁입니다만 오늘 강연을 마치시고는 오후에 여자 감호자 한두 사람이라도 면담을 해주시면 안 되겠습니까?"

담당자는 조심스럽게 물었다.

"……"

감호소 안의 긴 복도에 군데군데 큰 글씨로 쓰여 걸려있는 것을 나는 눈으로 읽으며 걸었다.

내일 지구에 종말이 올지라도 나는 오늘 한 그루의 사과나무를 심겠다.
이기는 자는 앞만 보고 가지만 지는 자는 자꾸만 뒤를 돌아본다.
자기의 마음을 다스리는 자는 큰 성을 차지하는 것보다 낫다.
운명을 바꾸려면 먼저 자신의 생각을 바꿔라.
인생은 아름답다. 그리고 살 만한 가치가 있다.

"참, 오늘은 여자 감호자들이 아니라 남자들입니다."

"아, 남자 감호자요?"

깜짝 놀라서 식은땀이 나는 것 같았다.

지난번 그 강당 안으로 들어서니 인원이 지난번보다 배가 되는 120명의 남자 감호자들이 누런 색깔의 모자와 옷을 입고 두 주먹을 양쪽 무릎 위에 올린 채 표정 없는 얼굴로 앉아 있었다. 단상 위에서 내려다 본 그들의 모습은 마치 TV에서나 가끔 볼 수 있는 북한의 인민대회장을 방불케 하는 그런 모습이었다. 그 뒤에 총을 멘 군인들이 삼엄한 경계를 펼치고 있었다. 여자 교육생 때와는 분위기가 완전 달랐다.

"일백이십 명 교육 준비 끝. 갱생!"

완장을 낀 대표가 앞으로 나와 힘차게 외치며 경례를 하였다. 모든 눈동자가 나를 향해 고정되었다. 햇빛을 처음 받는 것처럼 유난히 얼굴이 하얀 사람들도 더러 있었고, 아주 험상궂은 모습도 있었다. 그러나 대부분은 평범하게 생긴 이웃집 아저씨 같은 사람들이었다.

나는 당찬 얼굴로 그들 앞에 섰지만 지난번보다 더 얼어붙었다. 내 심장이 뛰는 소리가 내 귀에 들릴 정도로 벌렁거렸다. 나는 무서웠다. 그들이 표독스런 눈으로 한결같이 나를 노려보고 있는 것처럼 느껴졌다. 울어버리고 싶을 만큼 겁이 났다. 목도, 얼굴도 움직일 수가 없었다. 그렇게 얼마간의 침묵이 흘렀다. 무슨 말부터 시작해야 할까, 눈앞이 깜깜하기만 했다. 내 마음을 가라앉히고 고요한 호수처럼 깊은 눈으로 그들을 향해 고개를 들었다.

우리 모두는 누군가의 그리움이다

"모든 사람은 누군가의 그리움인거 아세요? 그것이 내가 살아야 되는 이유입니다."

앉은 사람들은 눈을 동그랗게 뜨고 쳐다보았다.

이런 말을 하는 내 자신도 놀랐다.

그들의 연령층은 이십대 중반에서 육십대에 이르기까지 다양했다. 삼사십대 중년이 가장 많았지만 그들의 표정은 이미 세상을 달관한 사람처럼 노련해 보였다. 사실 그러했다. 이곳은 전과가 많은 죄수들이 가장 마지막으로 오는 곳이란다.

나는 그들에게 인간 밑바닥에 깔린 고향에 대한 향수와 부모님을 향한 마음, 아무리 못나도 나의 가족과 가정이 소중하다는 것을 다시금 깨우쳐주고 싶었다.

마음의 눈이 어두워 세상의 욕심과 욕망을 좇다가 소중한 내 인생을 헛되이 낭비하지 않는 삶을 살아야 한다는 것과 자연과 인생은 같은 진리로 흐른다는 사실과 마음을 비우고 헛된 욕망을 비우면 인생이 한결 편안해질 수 있다는 것을 힘주어 말했다.

그리고 눈물겨운 내 삶의 고백을 하였다. "이 세상의 모든 인간은 다 죄인이다. 당신들만 죄인이 아니다. 그때는 몰랐지만 지나고 보니 살아계신 하나님이 나를 지켜주셨음을 알았다."고 했다.

내가 알지 못하는 세계 속에서 저들의 인생은 자꾸만 나의 마음을 송두리째 잡아당기고 있었다. 이 세상을 알아간다는 것은 내겐 두려움이었다. 나는 깊은 고민에 빠졌다. 강연 때문에 알게 된 또 다른 세상은 지금껏 내가 알고 배워온 인생에 대한 생각을 무너뜨리고 있었다.

바쁜 가을걷이를 돕기 위해 밭에 갔다. 고구마를 캐고 고추 포기도 뽑고 비닐도 걷었다. 가을배추는 포기마다 짚으로 묶어주었다. 다음날은 오랜만에 외갓집 벼베기를 돕기로 하였다. 들에서 일을 하면 마음속의 모든 생각들을 가을바람에 훌훌 털어버리게 되어 좋았다.

이튿날 아침, 이번엔 청송 제1보호감호소에서도 감호자 정신교육 강연을 부탁한다고 사람이 찾아왔다. 나는 어떻게 답을 해야 할지 망설였다. 나의 망설임을 눈치 챘는지 그는 말을 덧붙였다.

"저희는 오실 줄 믿고 시간을 짜놓았습니다. 저희도 강사님을 한번 뵙고 싶습니다. 바쁘신 줄을 알지만 시간을 내주십시오."

"…"

내일 금요일은 제1감호소 강연이고 다음 주 월요일은 청송교도소, 그리고 수요일은 이미 들어갔던 제2감호소 일정이 잡혀있다. 이렇게 나의 생활은 감호소 강연 때문에 완전히 바뀌었다.

밤에 공부하는 것도 강연 준비로 바뀌어갔다. 준비 없이 그들 앞에 선다는 것이 스스로 용납할 수 없었기 때문에 밤새워 책을 보았다. 부담스럽고 떨리는 마음은 강연을 들어갈 때마다 매번 느끼는 감정이었다.

오늘은 제1감호소 강의.

제1감호소 정문 앞에서 담당자는 안으로 들어가며 말을 했다.

"사무실에 들러 차라도 한잔하고 강당으로 가시겠습니까?"

"아니요, 그냥 가세요."

"혹시 강사님께서 긴장하고 계실까 봐…"

"어차피 왔으니 용기를 내야지요."

나는 웃었다.

담당자를 따라 걸으며 어젯밤 준비한 강연 노트를 꺼냈다. 한 번 더 확인하고 싶었다. 강당 문 앞에서 걸음을 멈추었다. 바로 이 자리에만 서면 내 가슴은 방망이질을 한다. 나는 또 긴 숨을 몰아쉬었다.

낯선 얼굴들이었다. 이곳은 또 다른 곳이니만큼 다른 사람들이었다. 모두가 똑같은 옷과 모자, 표정까지 기계처럼 움직이는 그들이 내 마음을 더욱 아프게 했다. 나는 그들과 지금 처음 만나는 것이다. 처음 만나는 만큼 처음 강연을 하는 심정으로 해야 했다. 한순간도 내게서 눈길을 돌리지 않는 그들의 표정은 강렬했다. 뚫어질 듯 바라보는 그들의 눈동자는 내게 호소하고 있었다. 다시 살고 싶다는 애절한 눈빛이 읽어졌다.

이렇게 시작된 나의 강연은 계속 이어졌고 밤마다 나는 일기장과 책을 뒤적이며 이론과 실제를 접목시켜 나갔다. 예고 없이 찾아온 나의 운명의 길은 나를 더욱 인생 공부 속으로 이끌어 갔다.

청송교도소를 비롯하여 제1, 2보호감호소까지 재소자 정신교육 강사로 매주 몇 시간씩 강의를 해야 하는 바쁜 몸이 되었다. 전국 교도소 정신교육은 어느 곳에서나 가장 중요한 교육으로 손꼽히고 있었다. 특히 이곳 청송은 최대 규모와 시설, 인원이 막강한 만큼, 거기에다 특별히 뽑힌(?) 자들인 만큼 그 교육 내용에 신중을 가해야 했다.

전국 최연소 교정위원

1984년 3월, 만 스물한 살이 된 나는 당시 40여 개가 넘는 전국 교도소의 최연소 교정위원으로 배명인 법무부장관으로부터 위촉을 받게 되었다. 청송교도소 및 제1, 2보호감호소에 정신교육 강의를 들어간지 3년 만이었다.

나는 법무부 역사상 두 가지의 기록을 세우게 되었다. 하나는 최연소 처녀강사로 재소자들 앞에 선 것이고, 또 다른 하나는 전국 최연소 교정위원이 된 것이다.

청송교도소가 생긴 이래 처음으로 '교정독서대학' 개강식이 열렸다. 풋풋한 나뭇잎은 비 온 뒤의 화창함에 기지개를 펴고 춤을 추고 있었다. 꽃망울에 앉은 이슬방울이 채 마르기도 전에 십오 척 담장 안에 웅크리고 있던 수백 명의 재소자들은 기대와 흥분에 찬 마음으로 큰 강당인 교회당으로 모였다. 낯익은 얼굴들이 많이 보였다. 그들은 나와 눈빛을 마주하자 피식 웃었다. 나도 눈으로 인사를 하며 웃어주었다.

청송군 새마을문고에서 기증하고 각 기관과 단체 등에서 재소자들을 위하여 보낸 많은 책들과 학용품들이 모였다. 배움에 굶주리고 사색에 굶주린 그들이 따뜻한 사랑과 배움으로 새로운 인생을 설계하는데 작은 도움이나마 주기 위하여 교정독서대학이 만들어졌다.

9월이 되면서 이곳 감호소 안은 갖가지 행사들로 이어졌다. 감호자들의 음악경연대회와 웅변대회도 처음으로 개최하는 것이라 하였다. 그들이 직접 연주하는 악대부, 국내의 명가수들이 다 모인 것으로 착각할 만한 노래자랑, 원맨쇼나 코미디까지 다양한 프로그램으로 정말 배꼽 잡는 감동의 시간을 연출했다.

다른 쪽에서는 미술대전 준비로 분주했다. '김기창 화백 미술대전'이라는 큰 플래카드가 교도소 곳곳에 걸렸고, 복도마다 그의 그림이 전시되었다. 처음 뵙는 김기창 화백은 장애인이었다. 얼굴이 크고 체격은 좋았지만 옆 사람이 수화로 의사전달을 하고 있었다. 그때 운보 김기창 화백은 어둔한 말로 이렇게 강의를 했다.

"몸이 불구라고 하여 불구자가 아닙니다. 마음이 병든 사람이 불구입니다. 지금 이곳에 계신 분들, 육체의 자유가 없다고 구속받는 것이 아닙니다. 진정한 자유는 자기 정신 속에 있습니다. 용기를 갖고 다시 시작하십시오."

나는 그 날의 감동을 '평생 간직하리라'고 일기장에 썼다.

그리고 일주일 후, 청송교도소 교정독서대학의 독후감 발표회가 있었다. 나는 심사를 맡았다. 재소자들은 자리를 가득 메웠고 발표자는 한 명씩 나와 독후감 원고를 심사석에 한 부씩 제출하고 발표를 하였다. 자신이 살아온 삶을 반성하며 회개의 뉘우침으로 남은 인생을 다시 태어나듯 새롭게 살고 싶다는 열망들을 내비쳐 가슴 찡했다.

10월 13일, 이날은 이곳 청송 제2보호감호소가 생긴 후 처음으로 전체 감호자들의 합동면회 겸 가을 체육대회가 열리는 날이었다. 감호자들이 가슴 설레며 애타게 기다려온 날이었다. 이곳에 수용된 2천여 감호자들의 가족 수만 해도 엄청나 전날 밤 읍내의 여관방은 만원이었고 밀려드는 차량들의 행렬은 줄을 이었다.

감호자들의 가족들은 모두 오늘 행사에 초대되어 큰 운동장을 빽빽하게 채우고 있었는데 한 사람씩 수번호에 따라 감호자의 이름이 불리면 가족들이 일어나 한쪽으로 가 자리를 만들어 둘러앉

앉다.

이날 행사에 초대받은 교정위원들은 소장의 안내를 받으며 운동장 전체를 한 바퀴 돌아보았다. 나는 누가 누군지 도무지 알아볼 수가 없었다. 가족들과 둘러앉아 밥을 먹고 있다가 지나가는 나를 보고 얼른 일어나 반가운 얼굴로 인사를 하고 가족들에게 나를 소개하는 감호자도 있었고 내 손을 이끌며 같이 앉아 먹자고 권하기도 했다.

같이 다니던 소장이나 다른 교정위원들에게 놀림을 받아가며 돌다가 한 늙은 부모의 간절한 권유에 못 이겨 자리를 같이하였다. 늙은 부모와 셋이서 점심을 먹고 있던 한 감호자는 아직 삼십대 중반 정도로 보일 만큼 젊은 사람이었다. 칠십대 노부부는 막내아들이 이러고 있어 오매불망 걱정으로 잠을 제대로 이루지 못한다고 하였다.

할머니가 굽은 손으로 직접 준비했다는 김밥은 이 가족의 눈물의 밥이 되었고 끝내 할머니는 목이 매어 밥 덩어리 하나를 입에 넣지 못하고 있었다.

"어머니께서 식사를 하셔야 아드님도 먹지요. 어서 하나만 들어보셔요."

나는 김밥 하나를 할머니 입에 넣어주었다.

감호자는 자신의 이야기에 마음 아픈 표정을 짓고 있었다.

"저는 중학교를 중퇴하고 집을 나갔습니다. 동네 친구들 네 명이랑 같이요. 충청도 시골에서 서울로 무조건 올라갔지요. 친구

형 소개로 어떤 공장에 취직하여 일을 하는데 맨날 혼이 나 사실 일도 하기가 싫었어요. 그래서 방을 하나 얻어놓고 라면만 끓여 먹고 낮에는 방에 박혀 있다가 밤만되면 시내를 돌아다녔어요. 그러다가 술집에 취직을 했는데 길거리에서 밤손님을 물어다 주는 거였어요. 한 명 데리고 가면 얼마씩 줬어요. 그런 생활을 하면서 술, 담배는 물론이고 술집 여자를 알았는데 이 애가 매일 본드를 마시고 손님들을 받더라구요. 저도 호기심에 한 번 해봤지요. 기분이 좋았어요. 매일같이 술, 여자, 그리고 환각상태에 빠져 제 인생은 병들어갔지요. 그 때문에 부모님 속을 무척 썩었습니다."

그는 울고 있었다. 늙은 부부는 눈물을 글썽이며 애먼 하늘만 쳐다보았다.

"제가 교도소를 몇 번 들락거리다 보니 별만 쌓여가고 이젠 몸까지 병들고 나이 마흔이 되어버렸습니다. 정말 후회밖에 남는 게 없습니다. 제가 사회에 나가면 전에 나처럼 살고 있는 아이들을 찾아다니며 얘기해주고 싶습니다. 이건 정말 미친 짓이라고요. 한때의 기분이지 결국엔 멸망으로 달려가는 지름길이란 사실을 저도 그땐 까맣게 몰랐습니다. 그런 애들에게 일러줘야 합니다. 거기서 빨리 나오라고요. 그 속에 있을 동안은 깨닫지 못할 겁니다. 거기에만 인생의 쾌락이 있고 짜릿함이 있다고 생각했으니까요. 나처럼 이런 꼴이 되지 않으려면 빨리 그 길에서 나와야 합니다. 제가 바로 그 일에 앞장 설 겁니다."

"좋은 생각입니다. 누군가 그 일을 해야 합니다."
살아있는 자의 가슴에는 따뜻한 눈물과 회개가 있었다.

수천 명이 모여 앉은 운동장은 빽빽하였지만 평화스럽고 행복해보였다. 그들의 정겨운 모습들을 둘러보면서 콧등이 시큰했다.
여섯 살 정도로 보이는 딸이 수인의 옷을 입은 아빠의 입에 김밥을 넣어주며 말했다.
"아빠, 아빠 집에는 언제 올 거야? 지금 나랑 같이 집에 가면 안 돼? 응 아빠. 집에 가자."
목을 안고 집에 가자고 떼를 쓰는 딸 앞에 안절부절 못하는 감호자에게 격려의 목례를 했다.
넓디넓은 운동장은 웃음과 울음이 뒤섞인 인생극장의 무대가 펼쳐진 듯 점점 뜨거워지고 있었다. 난생 처음 이런 광경을 접하다 보니 내 마음도 흥분되어 들떴다.
"박 위원은 오늘 인생 공부를 많이 하고 있는 겁니다. 이건 돈 주고도 볼 수 없는 광경이니까요."
나는 그 날 인생을 사는 눈높이가 십 년은 커진 느낌이 들었다. 이곳에서 인생의 참모습을 보았다.
행복했던 순간도 꿈결처럼 지나가고 다시 수인의 모습으로 돌아간 감호자들은 언제 나갈지 기약 없는 미래를 안고 안타깝게 바라보는 가족들의 모습을 뒤로 한 채 철문 안으로 그 모습을 감추었다.

그 넓은 운동장은 텅 비어져 가을바람만이 사람들이 스치고 간 빈자리를 채우고 있었다. 그저 눈 깜짝할 사이에 모든 것이 끝난 느낌이었다. 이제 바람은 제법 차가움을 느낄 정도로 살갗을 파고들었다. 모두들 떠난 자리, 그 빈자리를 이제 내가 채워야 했다. 다시 청송인들만 남고 모두들 떠났다.

아버지가 운명하시다

세월이 흐를수록 아버지의 병든 몸은 점점 더 기운을 잃고 기력도 많이 떨어졌다. 젊은 시절 가족은 물론 자신마저 철저히 파괴했던 아버지에 대해 이제는 가여움이 앞섰다. 지독한 미움이 세월에 녹아 연민의 싹이 되었다.

그 무렵부터 아버지는 식사를 제대로 못 하고 조금씩 토하기 시작했다. 아버지는 음식을 한 숟가락 삼키면 그대로 토했다.

"아부지요. 괘안습니꺼?"

나는 다가가서 아버지의 등을 두드렸다. 음식을 드실 수가 없었다. 일주일쯤 토한 어느 날, 나는 아버지를 모시고 병원으로 갔다.

종합진찰을 받았는데 식도암이라는 병명이 나왔다. 식도가 점점 좁아져 무엇을 먹든지 토했던 것이다. 담당의사가 나를 따로 불렀다. 아버지의 병은 노환과 겹쳐 합병증까지 와서 얼마 못 사신단다.

병원 복도 끝 창가에 서서 밖을 내다보며 나는 눈물을 흘렸다. 이제야 아버지의 삶을 거리를 두고 보며 좀 이해할 수 있을 것 같은데 가신단다.

아버지가 병원에 입원하자 엄마는 아버지 곁에서 간호를 해야 했다. 나는 집에서 혼자 소를 돌보며 농사일과 교도소 강연으로 왔다 갔다 하느라 저녁때에야 틈을 내어 병원에 들르곤 했다. 아버지는 점점 앙상해져갔다. 이틀에 한 번씩 갈비뼈 사이에서 늑막 물을 빼냈다.

얼마 후 아버지는 퇴원을 하였다. 편안히 마지막을 준비해드리라는 의사의 말을 듣고 집으로 모셔왔다. 나는 밤마다 아버지의 등허리를 두들기며 쓸어내려 드렸다.

"아부지요. 하나님이 살아 계신다는건 아시지요? 흑흑…"

내 눈에서 눈물이 흘렀다.

"그래. 순애가 믿는 하나님을 나도 믿는다."

"아부지요. 예수님이 나를 구원해주신다는 것을 믿고 죽는 사람은 천국을 갑디더. 저랑 엄마는 이담에 천국 갈건데요. 아부지도 세상 떠나면 꼭 천국 가셔야 합니더. 그래야 천국서 엄마랑 저랑 다 만날꺼 아입니꺼."

나는 눈물을 목구멍으로 삼키며 아버지에게 또박또박 말을 했다.

"아부지요. 아부지요. 지금 예수님을 믿는다고 고백하면 됩니더."

아버지는 나를 따라 하나님을 믿고 예수님을 내 구주로 믿는다고 고백했다. 주기도문을 백 번도 더 따라하며 함께 울었다. 아버지는 내 손을 꼭 잡고 주기도문을 따라하셨다. 아버지는 믿음에 대한 마음의 확신을 가지셨다. 그리고 아버지가 엄마의 손을 잡고 마지막 말씀을 하셨다.

"나에게 시집와서 평생 동안 고생만 시켜서 미안하오. 내가 몹쓸 병이 들어 당신한테 못된 짓도 많이 했는데 끝까지 내 곁에 있어줘서 고맙소. 내가 죽더라도 당신의 고마움만은 잊지 않으리다."

아버지는 담담히 죽음을 맞이하셨다. 그 한 많은 생애를 사셨던 나의 아버지… 그 아버지가 하나님을 영접하고 이 세상을 떠나셨다. 사람의 호흡이 정지되는 것을 '운명'하셨다고 말하고 그 운명을 지켜보는 것을 '임종'이라고 말한다. 복된 삶을 산 자만이 복된 죽음을 맞이할 수 있다고 하였다. 그런데 아버지는 처절한 삶을 살아오신 것에 비하면 마지막 죽음을, 구원을 받고 확신을 가지고 운명하셨다. 지난날의 그 많은 날의 아픔도, 힘들었던 시간들도 다 털어버리고 평안히 세상이라는 껍질을 벗고 주님의 품으로 안기셨다.

"아부지요. 아부지요. 아부지."

엄마는 마지막까지 아버지 곁에서 영원한 동반자로 남아 있었다.

나는 아버지의 시신 앞에서 한없이 울었다. 엄마는 마지막까지 침착하고 차분했다. 무거운 짐을 벗어 내린 듯 조금은 홀가분한 표정으로 아버지의 죽음을 받아들였다.

나는 사람이 운명하는 모습을 처음 보았다. 너무도 충격적이고 놀랐다. 장례 준비는 가까이 살던 외갓집의 도움을 받았다. 작은아버지들과 오빠들에게 아버지의 임종을 알렸다.

아버지의 장례는 삼일장으로 치렀다. 예전에는 시골집 방 안쪽으로 죽은 사람의 시신을 눕혀놓고 병풍 같은 것을 쳐서 막았다.

장례식날 아버지의 시신을 땅에 묻고 돌아온 저녁, 내 마음속의 큰 기둥이 소리를 내며 무너졌다. 아버지와 함께 살아온 무서웠던 날들이 눈물이 되어 녹아내렸다.

모든 인간은 결국은 이렇게 한줌 흙으로 돌아갈 인생인 것을…

책은 내 영혼의 보석

책은 내 영혼의 쉼이었다. 한없이 슬프고 절망스러울 때는 온몸이 말라버릴 정도로 울고 싶었다. 그 눈물이 땅에 떨어져 언젠가 아름다운 꽃을 피울 그 날이 올 때까지 나는 세계문학전집을 파고 들어갔다. 책 한 권 한 권으로 몇 번씩 읽었다. 책 속에서 캐내는 영혼의 보석들, 잠자는 시간이 아까웠다. 수십 권의 책, 한 권을 두 번씩 읽으며 중요 내용을 내 공책에 기록을 했다. 거기서 만난 셰익스피어, 빅톨 위고, 도스토예프스키, 헤밍웨이, 헤르만 헤세, 톨스토이 등의 수도 없이 많은 주옥같은 메시지를 주워 담느라 밤을 새웠다. 세르반테스, 까뮈, 이즈음 내가 눈 뜬 책은 '서양 철학사'였다.

밤마다 '세계문학전집'의 고랑 고랑을 넘어서 어느새 아테네 철학으로 건너왔다. 아테네에서 출발한 '서양 철학사'가 20세기 '샤르트르와 시몬느 보봐르'에 이르렀을 때, 너무도 많은 철학자들의 사상과 인생과 그들 속에 흐르는 번민과 고뇌를 엿보았다.

노자는 '방문을 나가지 않고도 천하를 아는 데는 독서 만한 것이 없다.'고 했다. 세상에는 위대한 삶도, 시시한 삶도 없다. 삶과 죽음은 언제나 길 위에 함께 있다.

한 인간의 내면에 깊이와 넓이를 키우려면 안으로 파고 들어가는 길밖에 없다. 자기 내면을 파고 들어가는 것은 끝없는 자기 자신과의 싸움이다. 철저히 고독의 바닥을 짚어라. 영혼의 고독 속으로 끝없이 파 들어가라. 더 깊은 우물을 파라.

사람은 자신이 경험한 것 밖으로 나가 생각하는 것이 불가능하다. 그 불가능을 책 속에서 경험해야 한다. 철저히 외롭고 고독하라. 내가 어떤 사람인지 알고 싶다면 내가 무엇을 하며 시간을 보내는지, 내 영혼 속에 담긴 것이 무엇인지를 보면 알 수 있다.

사람은 생각의 힘을 길러야 글에 힘이 붓는다. '내 인생은 실패의 박물관이 되겠다'고 생각하며 사는 자에겐 세상은 두려운 곳이 아니다. 니체는 10년 동안 명상으로 깨달은 바를 '짜라투스트라는 이렇게 말했다'에서 '신은 죽었다'고 한 뜻은 '신은 죽고 없다'가 아닌 '인간은 더 이상 신을 의지하고 말고 스스로 고난을 극복하라'는 뜻이다.

밤마다 책장을 넘기며 행복한 마음, 감사한 마음으로 하나님께 기도를 드렸다. 책을 안 읽는 사람은 책을 못 읽는 사람과 똑같다는 것을 알았다. 이렇게 글씨를 떼고 책을 읽을 수 있음이 감사하여 눈물이 났다. 매일매일 책이 주는 힘과 꿈과 희망이 나를 살게 했다. 인간의 진정한 사랑은 비통한 내면에서 제대로 영그는 법이다.

낮과 밤의 내 삶은 달랐다. 낮에는 밭일, 남의 집 일을 많이 하며 일주일에 두 번쯤은 교도소와 보호감호소로 강의를 갔다. 시간이 지나면서 재소자들에게 강의를 가기 때문에 더욱 책을 손에서 내려놓을 수가 없었다.

인간에게 가장 무서운 건, 배부름은 육체를 기름지게 하지만 정신을 가난하게 한다는 것이다. 인간은 정신이 약해지면 사유나 근원적인 자기반성이 없이 육체의 욕구대로 흘러가는 존재다. 그래서 영혼을 잃은 인생들이 마당에 널린 빨래처럼 펄럭인다.

인문학은 '어떻게 살아야 할 것인가'를 넘어 내가 지금 어떻게 살고 있는가를 보는 것이다. 삶에 있어 시간의 의미를 깨달았을 때 시간은 언제나 현재가 되고 영원이 된다. 시간을 끊임없이 자신의 의미로 창조해 나가는 자에겐 시간은 내 생의 최고의 선물이고 축복이 되리라. 시간의 의미를 알 때, 인생의 가치는 시간 속에서 모든 것이 이루어지는 것이다.

'에디슨'은 '나는 평생 단 하루도 일하지 않았다. 재밌게 놀았다'라고 했다. 평생 자신이 일로 생각하지 않고 즐기며 놀았다고 한 것이다. 때로는 마당에 서면 나뭇가지 하나로도 충분히 편안한 잠을 청할 수 있는 작은 새를 본다. 물에 비친 달빛을 보는 날 잠 못 이룬다.

인간의 삶에서 무엇을 포기하기로 결심하는가. 나는 한 권의 책만으로도 행복할 수 있었다. 내 인생의 젊은 날은 고요한 산골 마을에서 책으로 밤을 새웠다.

미래가 필요한 사람은 반드시 책을 읽어야 한다. 책 속에는 상상력이 가득하다. 상상력은 책을 양식으로 삼는다. '젊음을 젊은 이에게 주기엔 너무 아깝다'고 누군가 말했다. 이 젊음의 가치가 책 속에 있음을 깨달은 나는 행복하고 감사했다.

매일 한 시간 성경을 썼다. 내 나이 스물셋에 성경 한 번을 다 썼던 날, 내 속에 깊이 가라앉은 영혼의 때와 처절한 삶의 찌꺼기가 다 걸러내졌다. 그리고 맑은 영의 눈을 뜨고 하늘의 별을 보았다. 이제부터 내 속에는 깊게 가라앉혀 맑게 고인 생각을 떠올릴 수가 있었다.

책을 읽으면 그 감동이 내 삶속에 녹아내린다. 배움의 빛이 침묵이라면 침묵은 소리에서의 어둠이다.

윤동주 시인의 '고향에 돌아온 날 밤에 내 백골이 따라와 한 방에 누웠다. 어두운 방은 우주로 통하고 하늘에선가 소리 없이 바람이 불어온다.'하는 시에서 그는 고향을 그리워하고 있음을 알 수 있었다. 나는 윤동주가 그토록 그리워하던 '고향'에 살고 있다. 이 산골의 삶이 훗날 내 가슴 속에도 그리움의 고향이 되리라.

우리 삶의 소중한 것을 잃어버린 것 중 하나가 '내 삶의 숙성되는 기간'이 사라져 버렸다. 자기 내면을 파고 들며 고뇌하지 않는다.

나의 작은 우주는 내가 읽은 책들로 이루어진다. 고전서들을 붙잡고 곡괭이로 심장을 후벼 파듯 영혼의 진주를 캐내었다. 그리고 청송교도소 보호감호소 안에 갇힌 숨죽인 생명들을 위해 하나님께 간절히 기도를 드렸다. 하나님만이 그들을 구원할 수 있기 때문이다.

진정 인간이기를

매주 네 시간, 혹은 여섯 시간의 강연을 위해 나는 열심히 준비를 하였다. 인생의 고통이 무엇인지, 죽음이 무엇인지, 혹은 삶이 무엇인지를 알아가고 있던 나는 이제야 그들의 가슴속에 자리 잡고 있는 슬픔의 소리를 들을 수 있을 것 같았다.

이 무렵, 내게 한 사건이 있었다. 그것은 나를 또 다른 고통으로 몰아넣는 계기가 되었고 또 나를 성장시켰다.

초겨울로 아침저녁으론 제법 살얼음을 볼 수 있을 때였다. 나는 먼 산길을 걸어 찾아온 한 여자를 만났다. 자신은 제2보호감호소 장현수의 어머니라 소개하며 눈물부터 앞세웠다. 장현수는 몇 년째 매주 봉함엽서로 나에게 편지를 보내는 사람이었다. 내용인즉 아들이 꼭 나를 찾아가서 만나보라는 부탁을 했다는 것이었다.

지난번 보호감호소 노래자랑 때 그는 악대부에서 드럼을 쳤다. 악기를 잘 다루고 음악에 소질이 있었던 그가 내게 편지를 계속 보내왔기 때문에 나는 교무과장에게 부탁하여 그에 대하여 알아보았다. 그는 폭력으로 들어왔다. 징역 2년 6개월에 보호감호 7년을 받아 당시 삼 년 가까이 살고 있는 중이었다. 나이는 28세였다.

그의 어머니는 내 손을 놓지 못했다.

"강사님. 우리 아들이 이토록 감호소 생활을 잘 견딜 수 있는 것도 다 강사님께서 힘이 되어주시니 가능한 거지요. 처음 보호감호인가 뭔가를 선고 받았을 때는 난리를 피우고 죽는다고 그랬어요. 억울하다고요. 그런데 이제는 마음을 어디에 기대고 있는지 잠잠하게 시키는 대로 하고 있어요."

이때 나는 보호감호 처분이 억울하다는 애기를 처음 들었다. 무엇을 억울하다고 했는지에 대하여 다시 한 번 물어보았다. 그의 어머니는 그전에는 우리나라에 교도소 밖에 없었는데 청송에 이 감호소가 생기면서부터 상습범이라 하여 징역보다도 훨씬 더 긴 7년 아니면 10년 둘 중 하나를 적용하고 있다는 사실을 또박또박 말했다. 그리고 이곳 청송에는 보호감호 처분을 받은 사람만 온다는 것을 알았다.

충격을 받은 나는 정신이 멍해졌다. 도무지 알 수 없는 일이었다. 청송보호감호소에 대하여 내 나름대로는 많은 것을 알고 있는 줄 알았는데 아니었다. 그들을 교육하기에만 바쁜 나날을 보냈을 뿐이라니, 장현수 어머니가 던진 충격적인 말은 나를 많이 놀라게 하였다. 그렇다면 지금까지 나의 강연을 들었던 그 많은 사람들은 무조건 7년이나 10년의 보호감호를 받은 사람들이었던 것이다. 그래서 그들은 죽고 싶었던 거다. 너무 억울하다고 호소하고 싶었던 거다. '아! 그랬구나.'

나는 지금까지 교도소라는 곳과 보호감호소가 무엇이 다른지 정확히 알지 못했다. 똑같은 모습밖에 보지 못했다. 그 안에 들어가면 모든 시설이, 화장실의 위치까지도 똑같다. 그러나 다른 것이 한 가지 있었다. 그것은 누런색과 푸른색의 옷이었다.

이십대 젊은이에서부터 칠십대 노인에 이르기까지 그들은 모두 이 운명의 길목에서 만난 동지들이었다. 한 할아버지는 그 얼굴이 폐결핵 환자와 같고 앙상한 해골을 드러내 보여 보호감호의 반도 못 살고 세상을 떠날지도 모른다고 생각되었었다. 어떤 젊은 청년은 아직도 얼굴에 여드름 자국이 그대로 들어나 보였다. 젊은 사람들은 대개 폭행이나 강간 등으로 들어온다고 하였다. 인간의 감정이 가장 뜨겁고 정열적일 때 사람은 범죄에 빠지기 쉽다.

내가 정신교육 강연을 들어간 지 육 년이 지나면서 이곳 청송교도소와 제1, 2보호감호소에 수용된 재소자들과 감호자들 중에 나를 모르는 사람이 없었다. 그들은 그 안에서 내 강의 내용으로 화제를 삼고 내 이야기를 가장 많이 나눈다는 이야기를 가끔 출소자들에게 들었다.

어느새 나의 가슴속에는 저들에 대한 연민이 싹트고 있었다. 그들을 위해 나는 무엇을 할 수 있을까. 그들에게 나는 어떤 존재인가. 나는 강연을 통해 따스한 마음을 표현하기 위해 더 노력했고 같은 시대를 살아가며 아픔을 함께 나누는 인간으로서 그들에게 용기를 불어 넣어주고자 애썼다. 그들의 인생이 안타까웠다.

1987년 7월 31일, 이곳 청송 북방산 아래 청송 제2보호감호소에서 1800여 명의 감호자들이 목숨 건 단식 투쟁을 벌였다. 징역보다 더 긴 보호감호가 무조건 7년, 10년이 너무도 억울하다는 것에 마음을 같이 했다. 아침 다섯 시에 기상하여도 아무도 감방을 나가지 않았다. 감호자 중 식당 담당이나 각 부서에 일하는 자들이 움직이지 않으니, 보호감호소가 정상적으로 돌아갈 수가 없었다. 그들은 강제로 끌려 나갔고 군화발로 짓밟혔다.

식당에서 밥해주던 감호자들을 대신하여 직원들이 밥을 하였고 각 사무실과 마당, 복도, 계단, 화장실까지 모두 직원들이 청소를 해야 했다. 단식투쟁 3일째가 되는 날, 감호소장은 교정국으로 보고를 하였다. 그 다음 날이 나의 강연 날인데, 교육을 쉰다고 담당자가 알려왔다.

나는 느낌이 불안했다. '하나님. 저들을 지켜주세요.' 계속 기도를 하였다. 이 단식이 며칠이 이어지면서 평소 몸이 허약하고 영양이 부족했던 노인들은 쓰러졌다. 병중이나 기력이 떨어진 자들은 아예 기운 없이 드러누웠다. 이때 감호소장의 강력한 지시가 떨어졌다.

"이제부터 밥을 처먹겠다고 할 때까지 죽지 않을 만큼 알아서 하라."는 지시였다. 교도관들은 죽 그릇을 들고 각 사동으로 다니며 "이 죽을 먹고 살래? 이대로 죽을래."하며 기운을 잃고 쓰러진 자들을 다그쳤다.

감호자들은 고개를 옆으로 저으며 쓰러졌다. 말할 기운도, 울 기운조차 없는 노령의 감호자들. 다른 감호자들은 끝까지 단식을 고집하다가 두 손을 포승줄에 묶인 채 갈빗대가 부러지도록 무참히 맞고 또 맞았다.

8월 4일. 단식 5일째를 맞은 아침, 소장실에서 "강제 진합하라."는 명령을 내렸다. 교도관은 2~3백 명으로 1800명을 상대해야 했다. 장비는 각목과 포승줄, 쇠 파이프였다. 당시 인간 도살장으로 사용되었던 끔찍한 곳은 내가 강연을 하는 가장 큰 강당인 교회당이었다.

깊은 밤, 교도관들은 몇 개 팀으로 나뉘어 감방 안에서 감호자들을 끌어내 팔을 뒤로 꺾어 온몸을 포승줄로 묶고, 입은 방성구나 헝겊으로 틀어막아 끌고 갔다. 이 엄청난 일들은 어둠 속에서 진행되었다. 마치 짐을 던져 넣듯, 쓰러진 그 위에 또 다른 이들을 처박아 넣었다. 그 후 아무런 말도 이유도 없이 각목과 쇠파이프와 곤봉으로 내리쳤다. 이렇게 데모를 진압할 당시 이곳 제2보호감호소의 모든 업무는 중단되었고, 전 직원은 비상근무가 되었다. 외부의 출입도 완전히 통제 되었다.

사회보호법 반드시 폐지되어야 한다

8월 10일, 월요일부터 제2보호감호소는 정상 근무에 들어갔다. 두 주를 건너뛰고 내 정신교육 강의가 다시 시작되었다. 그들 앞에 선 나는 가슴이 멍멍했다. 한 영혼의 살고 싶은 눈물겨운 몸부림이 느껴져 가슴이 미어졌다. 살아있는 자의 눈물을 보았다. 내 마음 깊은 곳엔 그들을 향한 애끓는 마음을 감출 수가 없었다.

그들을 보면 저들처럼 쓰레기 취급 받으며 살아온 바로 나를 보는 것과 같았다. 동질감이 느껴져 나는 그들을 내 마음속에서 내려놓을 수가 없었다.

내 마음 깊은 곳에서 오래 곰삭아진 한 편의 글을 썼다. 우리나라에서 유일하게 보호감호란 이름으로 최소 7년, 10년을 더 살고 있는 보호감호의 억울함을 호소하는 간절한 원고지 10매 정도의 글이 1988. 6. 4. 조선일보에 크게 실렸다. '재범의 가능성을 막기 위함이라면 양보다는 질을 높임이 바람직하지 않겠는가.'라는 내 마음의 간절함을 담았다. 그 글로 인해 나의 강의는 중단되고 말았다.

그리고 한 달이 지난 7월 13일, 제1보호감호소에서 강의 요청이 왔다. 그 무거운 철문을 열고 긴 복도를 걸어가는데, 여느 때와는 또 다른 감회가 나를 휘감았다. 한걸음 한걸음마다 눈물의 사연들이 밟혀왔다. 강당문이 열리고 문 안으로 들어섰다. 순간, 숨죽이며 기다리고 있던 감호자들은 뜨거운 박수와 환호성을 질렀다. 목이 메었다. 그 날 우린 함께 노래를 부르며 눈물을 흘렸다.

그 해 가을, 1988년 10월 15일. 청송교도소 보호감호소가 문을 연 이후 처음 국회법사위원회 소속 의원들이 국정감사를 내려왔다. 바로 이 날, 지강헌 외 재소자 12명의 집단 탈출 사건이 뉴스속보로 보도되었다. 탈주범들은 한 명씩 검거되어 갔고 마지막 주동자였던 지강헌이 한 가정집에서 가족을 인질로 잡고 경찰과 대치하는 상황까지 이르렀다. 그들은 스스로 죽음의 길을 택하여

자살을 하기 직전, '유전무죄 무전유죄' 말을 남기고 권총으로 자살을 했다.

온통 나라 안이 탈주범으로 난리였는데, 청송교도소와 감호소가 문을 연지 8년 만에 처음 굳게 닫힌 빗장을 열었다. 사람들은 그 어마어마한 규모에 소스라치게 놀랐다. 국정감사의 동행 취재기사가 각 언론사와 신문에 대서특필 보도되었다. '청송감호소 버려진 인권', '가혹살인', '빗장 연 공포의 하얀 집', '빠삐용 감옥 청송교도소'. 는 신문 톱 기사였다.

1989년 2월부터 청송교도소와 보호감호소에서 재소자 정신교육은 다시 시작되었다. 국정감사 이후 또 다른 변화를 기다리며 가슴앓이를 하던 나는 다시 그들 앞에 섰다. 1989년 3월 14일부터 제1보호감호소 1천 800명 전원이 단식투쟁에 돌입했다. 그날 오후 청송교도소의 2천 명이 넘는 인원이 잇달아 단식투쟁에 합류했다. 이때에 제2보호감호소에서 나에게 뜻밖에 강의 요청이 왔다. 나는 마음을 결심했다. 어쩌면 오늘 이 강의가 마지막 강의가 될지도 모른다는 생각을 했다.

그때 나를 향해 던져진 그 많은 눈빛들 속에 뜨겁게 와 닿는 그 무언가가 있었다. 내 몸에서 일순간 경련이 일어났다. 애절한 호소의 눈빛. 도와달라는 간절한 눈빛. 또 다른 죽음을 맛보아야 하는 두려움의 눈빛이었다. 오늘 나의 강의를 마지막으로 제2보호감호소에서도 단식투쟁에 들어간 것이다. 이곳 청송교도소 및 보호감호소의 6천 명의 재소자들의 단식투쟁은 엄청난 뉴스였다. 3월 14일부터 20일까지 이 급박했던 사태는 세상에 알려졌다.

1989년 7월 12일 수요일. 조선일보에 '사회보호법 반드시 폐지되어야 한다'는 글이 실렸다. 교정위원 박순애 이름으로 많은 재소자들의 눈물을 떠올리며 쓴 원고지 10매 정도의 글이 이 날 실린 것이다. 이틀 뒤 대법원에서 7년 또는 10년 보호감호제도 '위헌'이라는 판결이 나왔다. 나는 하나님께 무릎 꿇어 눈물로 감사기도를 드렸다. 글 발표 후 그 고통의 시간들을 하나님께 기도로 엎드렸던 나는 헌법재판소의 판결 이후 나를 바라보던 시선이 바뀐 것이 감사했다.

며칠 후, 청송교도소에서 반가운 목소리로 다시 강의를 들어와 달라고 요청이 왔다.

"죄송합니다. 이제부터 저는 강연을 하러 가지 않겠습니다."

지난 팔 년간 온 힘을 다하여 감호자들과 마음을 함께 했고, 그들로부터 참으로 소중한 것들을 많이 배웠다. 처음에는 그토록 생경하고 다른 세계 사람들 같았는데 이제는 형제처럼 따뜻했다. 그랬다. 아무런 차이가 없었다.

재소자들의 영혼을 바라보며 그들을 위해 기도하며 지나온 시간들이 내 가슴에 영원히 살아있는 시간이 되었다.

내 마음속엔 이 청송에서의 삶이 여기까지인 것 같다는 생각이 굳어지고 있었다. 이곳에서 나의 사명이 다 한 것이라는 생각이 든다. 재소자들이 있었기에 더 긴 시간을 버텨냈던 것 같다. 나는 하나님께 드려진 인생이다. 하나님께서 내 삶을 이끌어 가시는 대로 그 길을 가기를 원한다. 재소자들의 영혼을 바라보며 습기 찬 내 영혼에 날개를 달고 훨훨 날아가고 싶다.

사방이 병풍처럼 둘러쳐진 산들과 우거진 숲, 적막이 흐를 만큼 고요한 어둠속에서 내 영혼은 영원의 세계를 향해 눈을 돌렸다. 인생에서 슬픔보다 더 진한 거름이 어디 있으랴. 내 삶을 바로 세우는 거름이 내 가슴에 흐르는 슬픔이었다.

눈물의 함성, 영원한 그리움

어느 날 문득 고향을 떠나온 뒤 한 번도 찾지 못했던 내 어릴 적 고향, 눈물의 그 바다가 떠올랐다. 그곳을 가보고 싶은 마음이 간절해졌다.

이른 아침 포항행 버스를 탔다. 몇 시간을 창 밖에 마음을 던지고 있었다.

고향의 정류장에 도착하였다. 정류장 주변 풍경은 여전했다. 그 정류장에 아버지의 환청이 여기까지 따라왔다. 나는 먼저 바닷가로 달려갔다. 고향을 떠나기 전날 모래사장에 손가락으로 썼던 그 바닷가에 십수 년의 세월을 등에 지고 나는 스물일곱이라는 나이로 서 있었다.

파도는 그때의 모습 그대로 나를 반겨주었다. 내 발을 감싸고 발목과 다리를 적셔왔다. 내 눈엔 영문도 알 수 없는 눈물이 흘러내렸다. 가슴이 아려왔다. 얼마나 더 넓은 바다 위를 날아야 갈매기는 모래 벌에서 편히 쉴 수 있을까.

너무도 그리웠던 바다. 내 꿈을 키웠던 바다. 그리고 힘들 때마다 달려오고 싶었던 바다. 자박자박 내 발끝을 간질이며 나를 달래주었던 이 바다. 나는 바닷가를 걸었다. 파도는 어떤 질문처럼 끊임없이 밀려오고 밀려갔다. 파도가 내게 하얀 물결로 말을 걸어왔다. 반겨주는 이 없는 고향의 파도가 내게 말을 걸었다.

마음의 이쪽 끝에서부터 저쪽 끝으로 한 줄의 잠잠한 수평선처럼 길게 선을 그어보았다. 많은 사람들은 내 자신이 태어난 환경의 포로로 살고 있지만 버려진 내 나이 열 살. 식모살이로 간 열세 살. 4-H회원이 된 열일곱 살. 나는 이 환경을 떠나는 것이 아닌 내 자신 안에 갇힌 나를 탈출시켰다. 그리고 다시 태어났다. 내 자아의 해결책을 내 안에서 찾아낸 다음에야 비로소 밖으로 나아갈 수 있다는 사실을 깨달았다. 산골 깊은 곳에서 끝없이 내 자신과의 싸움을 해왔다. 내 가슴에 수많은 인생들의 힘겨운 삶의 눈물이 고여 있듯이 나와 같은 슬픈 눈을 가진 이들의 모습들이 바닷가를 맴돈다.

가을이었다. 신선한 바람결에 쫓겨 간 한낮의 무더위가 이따금씩 찾아와 늦여름 맛을 보여주는 가을날, 제1보호감호소에서 초대장을 보내왔다. 가을 체육대회의 초대장이었다.

나는 망설이다가 이번만은 가고 싶다는 간절한 마음을 확인했다. 몇 달 만에 가는 보호감호소이고 보니 가슴이 뛰었다. 내 마음속에선 굳은 결심 같은 것이 솟구쳤다. 내 꿈의 밭이 아니었던가!

열 시에 시작인데 차가 제1보호감호소 정문 앞에 멈추었을 때는 열 시 삼십 분을 가리키고 있었다. 나를 안내하는 교도관은 이미 식이 시작되었다며 곧장 운동장으로 안내했다. 가을의 하늘은 더없이 푸르고 감호자들은 십오 척 담장 안 넓은 운동장에 숨죽이고 앉아 체육대회의 훈시를 듣고 있었다.

고요한 적막 속에서 소장의 목소리가 쩌렁쩌렁 산을 울리며 들려왔다. 운동장을 가로질러 하늘 위로 만국기가 펄럭였다. 운동장을 향하는 건물의 마지막 모퉁이를 돌고 있는데, 갑자기 운동장 안에서 폭동이 일어난 듯 요란한 함성이 하늘을 찔렀다. 나는 깜짝 놀라 걷던 발걸음을 멈춘 채 그 자리에 서버렸다. 눈 깜짝할 사이에 일어난 일이었다. 그리고 운동장을 향해 서서히 고개를 돌렸다.

그런데… 그런데 이게 어찌된 일인가. 그 큰 운동장을 가득 메운 2천여 명의 감호자들은 모두 일어서서 나를 향해 두 손을 높이 들고 기립박수와 함성을 보내고 있었다. 순간, 내 귀엔 아무 소리도 들리지 않고 마치 정지된 화면을 보듯 감호자들의 환호성이 가물거렸다.

　나는 그 자리에 못 박히고 말았다. 내 심장의 박동이 멎을 것만 같았다. 그들의 환호와 박수는 그칠 줄 몰랐고 나는 꿈이길 바라는 간절한 마음으로 잠시 후 정신을 가다듬었다.

　단상 위의 20여 명의 내빈들이 갑자기 일어난 환호성에 놀란 표정으로 모두 이쪽으로 고개를 돌려 나를 바라보았다. 이 일을 어찌하면 좋을까. 이대로 서 있을 수도 없고 이대로 돌아갈 수는 더욱 없는 일이었다. 어찌됐건 나는 단상으로 걸어가야만 했다.

　나는 휘몰아치는 감동을 느끼며 단상을 향해 걸었다. 내가 걷는 동안 그들은 계속 박수를 치며 함성을 질렀고 내가 단상 위에 올라가 자리에 앉을 때까지 그 박수 소리는 계속되었다. 소장의 치사도 음악도 일시 중단된 채 모든 시선은 내게로 쏠렸다. 나는 미리 와 계신 분들에게 너무도 미안하고 부끄러워 고개를 들 수가 없었다. 그렇게 벅찬 감동과 환희 속에 나와 청송과의 인연은 저물어갔다.

　그들은 내게 내 삶을 뜨겁게 안을 수 있는 용기를 주었다. 그날의 눈물의 함성은 그리움으로 남았다. 진정으로 그들이 고마웠다.

젖은 새 날다

청송의 수많은 재소자들과 함께 해온 나의 80년대, 그리고 가장 뜨거운 피를 지녔던 나의 이십대가 달력 한 장을 남기고 저물어갔다.

인생이여, 삶이여, 시간이 저녁의 강을 건너와 철길 위를 숨 가쁘게 달려간다. 시간은 멈추지도 잡히지도 불러도 대답 없이 달려간다. 어쩌면 존재하지 않는 무인지도 모른다. 삶은 길 위의 순례다. 십오 척 담장 안에 갇힌 수많은 인생들의 멈춰진 시간이여.

소크라테스는 죽음 앞에서 마지막 독배를 마시며 이렇게 말했다.

"저는 죽기 위해, 여러분은 살아가기 위해 떠날 시간입니다. 그러나 우리 중에서 어느 편이 더 나은 쪽으로 가게 될지는 신 빼고는 아무도 모르는 일입니다."

그 말이 끝나고 사형이 집행되었다.

잊을 수 없는 기억, 수천 명의 자유를 그리는 새… 그들의 가슴에 좌절과 슬픔이 흥건했다. 절벽 같은 산으로 둘러쳐진 절망 안에 갇힌 새… 미래는 아직 펼쳐보지 않은 책과 같다. 그들 가슴에 바람이 인다. 살고자 애써야 한다. 죽음도 물에 빠지면 한 번 더 살고 싶다고 외친다. 바닥은 끝이라는데 파면 또 바닥이다.

포장된 희망보다 바닥을 파는 삶을 택하리라. 문풍지 떨리는 소리, 맨몸으로 찬바람을 이겨내는 겨울나무의 고독한 외침을 들었다. 바람이 으스스한 마당에 서서 불그레한 볼이 하얗게 언 달을 보았다. 검은 동공에 뜨거움이 밀려왔다. 가슴 끝 저려오는 지나온 날들이여… 아련한 그리움이여…

　내 심장이 멎을 듯한 슬픈 기억의 냄새들. 불현 듯 달려드는 아픔을 밀어내고 새살 돋는 가슴앓이로 한 해의 끝에 섰다. 먼 훗날에 나는 분명 산만 질리도록 바라보며 산 지금을 부러워하리라. 지저귀는 새들과 들꽃이 말을 걸어와 온종일 들새와 노니는 이때를 그리워하리라. 시간의 흐름을 이기고 수백 년을 버티고 선 집 옆 소나무의 살아 숨 쉬는 소리를 잊지 못하리라.

　이제 밟고 선 흙무덤을 떠나야 하는 길목에 섰다. 내가 알지 못하는 미래의 시간 속으로 좌절하지 말고 한 발씩 내딛으리라. 저 먼 산언덕에 솟은 해가 참으로 아름답고 깨끗함을 이제 보았다. 내 마음도 저 태양처럼 아름답고 깨끗하게 살고 싶어라. 영혼이 맑고 깨끗한 사람의 웃음은 하늘 빛 같다. 세상의 욕망을 좇지 아니한 마음. 언젠가 육신의 껍질을 벗고 떠날 준비가 된 삶이 아름답지 않을까. 몽테뉴의 '수상록'에는 '철학을 배움은 죽음을 배우는 것이다'라고 했다. 나는 산속에서 날마다 죽음을 배웠다. 수많은 책을 통해 위대한 인간의 고뇌와 깨달음이 내 앞에 걸어 들어왔다.

　먼저 살다간 이들의 주옥같은 영혼의 힘이 내 심장으로 다가왔다. 내면이 커져가고 있었다. 하늘에 별이 총총 박혀있듯 책 속의 문장들이 내 마음의 별이 되어 빛났다. 책은 많이 읽지 말고 깊이 읽어야 작가의 고뇌와 영혼을 만날 수 있다.

내 평생의 보물이 되고 재산이 되어줄 천 권의 책을 옮겨 담은 내 영혼이 담긴 공책을 차곡차곡 챙겼다.

사람은 혼자일 때 진실해진다. 십대, 이십대, 푸르른 내 젊은 날의 몸부림 친 고통의 순간들이 주렁주렁 나뭇가지 위에 걸려 있다. 89년 12월 어느 새벽 기도중 내 심장 깊은 곳에 샘 솟듯 솟아오르는 감동이 있었다. 그것은 이곳을 떠나라는 마음이었다. 그리고 창세기 12:1-2 말씀이 떠올랐다. 나는 이 말씀을 지팡이처럼 붙잡았다. 그리고 결단했다.

"엄마! 내 서울 가서 자리 잡으면 엄마 데리러 올게. 조금만 참고 기다리면 된데이."

"우리 순애가 돈 한 푼도 없이 무작정 서울 가면 우짤끼고."

엄마가 울었다. 나는 두 팔로 엄마를 꼭 껴안아 드렸다. 그리고 차비가 될 약초 보따리를 들고 집을 떠났다.

아직 오지 않은 내 인생의 눈물겹도록 아름다운 미래를 향해 나는 발을 내딛었다. 내 인생에 가을이 오면 나는 나에게 열심히 '살았느냐' 물을 것이다. 가을은 삶을 돌아보는 시간이라고 그 누가 말했던가. 태양이 점점 식어가는 하강의 기운은 감정의 기온마저 떨어뜨린다. 그래서 가을이 쓸쓸한가 보다.

가을이 지나가는 들녘에 서서 하늘을 보았다. 나는 하늘을 마신다. 자꾸 목말라서 마신다. 비에 씻긴 가을 하늘은 더 맑고 깨끗하다. 구름도 하늘을 가리는 얼룩이 될까 해서 못 지나고 새들도 티가 될까 봐 못 지나가는 비갠 하늘! 내 삶이 그처럼 맑고 깨끗한 하늘의 마음을 닮아가고 싶다.

part
4

하늘 문이 열리는
기적을 경험하다

내 심장의 우물에서 길어온 눈물

신발 밑창이 아스팔트 바닥에 딱딱 달라붙는 느낌이 들었다. 매서운 날씨였다. 비온 뒤에 몰아치는 추위는 깊숙이 살갗을 파고 들었다. 매일 흙만 밟고 살았던 발이 제일 먼저 서울살이를 알아챘다.

청송을 떠난 내가 찾아간 곳은 바로 비탈진 언덕에 살고 있던 둘째 오빠네 반지하 집이었다. 통로 끝에 있는 방. 손바닥 만한 부엌 모서리에 싱크대가 놓여있고 통로 벽에 배를 딱 붙이고 서 있는 책장 때문에 숨이 콱 막혔다. 조그마한 식탁 의자가 뒤로 밀려나 있으면 사람이 지나가지 못할 공간이었다. 3일째 되는 날 아침 마주치기조차 무서운 오빠가 내게 말을 뱉었다.

"니가 나가서 무얼 하든 상관 안겠다. 내 신경 건드리지 말고 내 집에서 나가라."

서 있던 다리가 휘청거렸다. 오갈 데 없는 이곳에서 오빠의 박대는 나를 낭떠러지로 내밀고 있었다. 거미줄이 얽힌 천정 구석으로 눈길이 고정되어 한동안 움직일 수가 없었다. 이 집의 꽉 막힌 공간처럼 내 속에 숨이 목에 턱 걸렸다. 내가 이러려고 엄마를 떠나 이 서울로 올라왔던가. 밀어 넣어도 북받쳐 오르는 눈물이 목젖에서 꿀꺽 삼켜졌다. 어둠에 질식할 것 같은 반지하 문을 열고 밖으로 나왔다. 막혀 있었던 숨을 길게 내뱉었다. 찬바람이 몸보다 마음을 먼저 파고 들었다. 입김이 연기처럼 새어나왔다. 눈물이 났다. 해가 저물었다. 연말이 가까이 와서 그런지 사람들의 마음이 더욱 분주해 보였다. 목적 없는 나는 어둠 속을 걸었다. 어디로 갈 것인가. 온종일 헤매 다녔지만 갈 곳이 없었다.

김이 쑥쑥 올라오는 포장마차 앞에서 걸음을 멈추었다. 입을 벌린 홍합이 희뿌연 국물 위로 노오란 혓바닥을 내밀고 있었다. 한 그릇에 500원이었다. 온종일 말라붙은 창자를 홍합 국물로 녹였다. 속이 따듯해졌다. 희미하던 눈빛이 살아났다. 다시 오빠의 집을 향해 걸었다. 언덕 위의 지하 쪽문은 굳게 잠겨 있었다. 콘크리트 바닥에 주저앉았다. 엉덩이가 차가웠다가 점점 속까지 얼음덩어리가 들어앉는 것처럼 싸늘해져갔다. 멈춘 비가 바람을 보내왔다. 두어 시간이 그렇게 지났다. 그때였다. 내 눈에 선명히 들어오는 것이 있었다. '십자가'였다. 나도 모르게 "아! 십자가."라고 내뱉으며 차가운 시멘트 바닥에서 벌떡 일어났다.

가슴이 녹아내렸다. 심장의 우물 안에 눈물이 고여 왔다. 십자가의 불빛에 이끌려 어둠을 뚫고 걸어갔다. 마치 내 어머니가 있는 집을 발견한 것처럼 마음이 따뜻해져 왔다. 교회당 문을 열었다. 아무도 없는 엄숙하고 고요한 예배당 안으로 들어섰다. 정면 앞 강대상을 바라보며 가운데 통로로 걸어 들어갔다. 신발을 벗었다. 그리고 강단 바닥에 무릎을 꿇었다. 꾹꾹 눌렀던 눈물이 터져 나왔다.

"하나님 아버지. 저를 이 낯선 땅 서울로 올라오게 하신 하나님! 으아악…"

통곡의 눈물이 쏟아져 나왔다. 구룡포 바닷가에 처절하게 버려졌던 열 살배기 순애가 처음 그 자리로 돌아온 것 같은 절망감. 무수한 세월이 지나간 듯한데 내 인생은 여전히 그 자리, 버려진 절망 위에 서 있는 게 아닌가. 하나님만이 내 운명을 바꿀 수 있음을 믿었기에 이제부터 십자가 앞에 무릎을 꿇으며 하나님만 바라보리라 다짐했다.

몇 시간을 눈물과 통곡 속에서 절망이 덮인 영혼을 토해냈다. 어둠이 남겨 놓은 희미한 빛에 의지해 성전을 둘러보았다. 내 몸은 어느새 장의자에 깔린 가죽시트 위로 반듯하게 눕혀졌다. 하나님을 생각했다. 뜨거운 눈물이 눈꼬리를 타고 귓속으로 들어갔다. 울지 않으려고 안간힘을 쓰고 있음을 그제야 알았다.

시간이 얼마나 흘렀을까. 사람 소리에 눈을 떴다. 새벽예배 시간이었다. 누군가 내 곁에 다가와 놀란 얼굴로 나를 바라보았다. 떨고 있는 나를 보고 입고 있던 스웨터를 어깨 위에 둘러주었다. 그 새벽에 다 마른 줄 알았던 눈물이 다시 쏟아져 내렸다. 이렇게 비참할수록 죽고 싶다는 바보 같은 생각은 하지 않기로 했다. 이보다 더한 절망의 강을 건너 죽음 같은 산을 넘어 여기까지 온 것이 아닌가. 살고 싶다는 욕망을 안고 교회를 나왔다. 그리고 사람들 속으로 빨려 들어갔다. 주머니 안에 동전은 손으로 만지기만 해도 녹아졌다.

이튿날도 그 교회 팻말 앞에 섰다. 사람들이 없는 것을 확인하고는 성전 안 강대상 앞에 엎드려 무릎을 꿇었다.

"하나님. 저에게 방 한 칸만 주세요."

하나님께 기도하며 새 삶을 시작하는 데는 방 한 칸이면 충분하다고 생각했다. 몇 시간을 기도한 후 전날 밤에 누웠던 그 의자 위로 반듯이 누웠다. 하나님의 품속 같은 성전에서 몸을 누여 울다가 잠이 들었다. 어떤 상황이든지 환경 앞에 무너지는 자는 운명을 극복할 수 없다고 생각했다. 내 마음을 지키고 믿음을 방패 삼아 처절한 현실을 이겨내기를 기도하였다.

낮이면 낯선 거리를 돌아다니다 밤이면 예배당으로 갔다. 하나님은 밤마다 강단 앞에 무릎 꿇는 나의 기도, 눈물을 받아주셨다. 청송교도소 보호감호소에 수감된 재소자들이 출소하면 돈 한 푼, 갈 곳 없이 바로 이렇게 '살아가겠구나!'를 생각했다. '아! 그렇구나. 여기서 분명 살아남아서 그들에게 보여줘야 해. 그들에게 희망의 빛이 되어야 한다.'고 이를 깨물었다.

길이 없는 그곳에 기도가 길이다

찬바람에 떨고 있는 잔솔가지 위에 눈이 소복이 쌓였다. 산골의 폭설이 생각이 났다. 다 닳아서 미끄러운 신발 밑창으론 발을 내딛을 수가 없었다. 새벽예배 때 내게 따스한 스웨터를 둘러주던 분이 가지 않고 나를 기다렸다. 의자에 나란히 앉아 내 손을 꼭 쥐며 자초지종을 물었다.

끝내 나는 오빠 집이 이 근처에 있다는 말을 하지 못했다. 그분은 나를 당신의 집으로 이끌었다.

"자매님. 반찬은 없지만 한 술 떠보세요."

밥이 입안으로 들어가기 전에 눈물이 먼저 굴러 떨어졌다.

"어쩌다가 시골에서 무작정 올라와서 이 고생을 하세요."

"예… 예."

"이젠 어떻게 할 거예요?"

밥 한 그릇을 눈 깜짝할 사이에 비운 나에게 고마운 분이 말했다. 대답을 못하고 고개만 숙이고 있었다. 한참의 침묵이 지나가는데,

"우리 집이라도 여유가 있으면 머물게 할 텐데. 보시다시피 다가구 주택이라 좁아요."

"저… 혹시 이 근처에 빈방을 구할 수 있겠습니까?"

나도 모르게 내 입에서 불쑥 내뱉어진 말이었다. 빈 그릇을 치우려다 말고 깜짝 놀란 그분이 한 번 알아보겠다고 하였다.

나는 감사하다는 절을 꾸벅하고는 현관문을 열고 나왔다. 나의 등 뒤에다 대고 그분이 한 마디를 던졌다.

"내일 새벽에도 교회에 올 거지요?"

"예에…"

그분이 나를 보고 웃었다. 나도 웃었다. 참 고마운 분이라고 속으로 생각했다. 왜 살아야 하는지를 아는 사람은 그 어떤 상황도 견뎌 낼 수 있다는 것을 마음에 꼭꼭 새겼다. 방이 있어도 돈이 없다. 그런데도 방을 구할 수 있느냐고 물었다. 나도 모른다. 그날 밤 성전에 엎드려 하나님 앞에 기도를 드렸다. 내 자신을 온전히 하나님께 드리기를 간구하였다. 나의 미래를 나는 모르지만 오직 하나님만이 아신다. 나의 미래와 내 인생의 마지막을 아시는 하나님께 엎드려 내 인생의 길을 물었다.

길이 없는 그곳에 기도가 길임을 처음 깨닫는 순간이었다. 그 밤도 장의자에 몸을 누이고 반듯이 누웠다. 남루한 옷을 입은 버려진 인생이어도 맑은 영혼으로 하나님 앞에 서고 싶었다.

새벽이었다. 어제 그분이 내 옆에 다가와 두터운 옷을 건넨다. 그리고는 귓속말로 아주 싼 방을 알아보았다고 했다. 그 집으로 함께 갔다. 창고 건물 같은데 잠긴 문을 땄다. 오랫동안 굳게 잠긴 문이어서 퀴퀴한 냄새가 확 몰려왔다. 시멘트로 발라진 부엌 부뚜막과 연탄아궁이가 뚜껑이 열린 채 나동그라져 있었다. 부뚜막 오른쪽 구석으로 난 방문을 열었다. 벽지는 너덜거렸고 방은 냉랭하였다. 보통 크기의 방바닥에는 장판이 불에 타서 쭈글쭈글하게 갈려 있었다.

"이 방에 들어오려면 보증금을 이십만 원정도 줘야 해요. 월세는 한 달에 오만 원이구요."

입이 쫙 벌어졌다. 내 주머니에는 동전 한 닢이 없었다. 나는 방 한 칸을 얻을 힘이 없는 사람이었다. 소개해 준 사람이 무색해 할까 봐 아무 말을 못했다. 방문을 따서 보여주던 주인아주머니의 표정이 시큰둥했다. 서울엔 내가 발붙일 곳이 없었다.

그날 밤, 하나님 앞에 엎드렸다. 1989년 12월이 눈물 속으로 사라져갔다. 1990년 새해를 하나님 앞 성전 바닥에 엎드려 맞았다. 내 가슴 속에는 희망보다 절망이 먼저 찾아왔다.

"하나님! 제 인생이 이 죽음 같은 바닥에서 연기처럼 사라진다 하여도 아무도 기억하는 이가 없습니다. 하나님만이 제 인생의 길입니다. 저를 버리지 마소서. 하나님 아버지시여. 저를 불쌍히 여겨주소서."

새해의 기도였다. 이 세상에 단 한 사람. 어머니가 못 견디게 그리웠다. 어머니 목소리라도 듣고 싶었지만 참고 또 참았다. 울지 않을 자신이 없었다. 정월달의 한파는 매섭고 추웠다. 밤마다 성전 바닥에서 나에게 주어진 가혹한 운명과 목숨 건 싸움을 했다. 언제나 내 편이 되어주시는 나의 하나님께 기도를 드리면서 말이다.

고향에서 행복했던 순간들을 떠올리기도 했다. 찔레꽃 피는 봄이면 서둘러 송아지를 데리고 찾아다녔던 그 들에 누워 천천히 씹던 하얀 꽃. 하얀 찔레꽃 세 개를 따먹으면 그 해 좋은 일만 생긴다고 어른들이 그랬다. 어느 한 순간도 지금의 이런 모습을 상상이라도 해 본적이 없었다. 인간이 어느 단계까지 이르면 자살이라는 것을 행동에 옮길 수 있을까. 죽고 싶어서 죽는 사람은 없다는 생각을 했다. 죽을 수밖에 없는 절박한 상황. 더 이상 자기란 존재가 버터 나갈 수 없는 현실에 이르렀을 때 최후의 수단으로 죽음을 택한다. 이 세상에 내 생명은 우연히 태어난 존재가 아니다. 하나님으로부터 보내진 존재이다. 삶이 고통스럽고 힘들다 하여 죽음을 택한다면 이 땅 위에 살아있을 자 몇이나 되겠는가.

밤마다 성전 바닥에 엎드려 죽음 같은 바닥을 파고 또 파면서 살아남기 위하여 끝도 없이 깊은 우물을 팠다. 정말 이렇게 내 목숨을 절망에 지탱하며 버텨내는 나를 받아들일 수 없다는 또 다른 내 목소리를 들었다. '너 그렇게 살 바엔 아예 죽어버려라'고 누군가 말하는 것 같았다.

이런 생활이 두 달이 되었다. 절박했던 순간들이 시간 속에 묻혀 가며 내 마음속엔 평안이 찾아왔다. 그리고 웃을 수 있는 여유도 가끔은 주어졌다. 표정이 안정되고 많이 밝아져 갔다. 간절한 기도는 방 한 칸이면 된다고 했다.

얼음장 속 물고기

문득 한 번 둘러본 창고 같은 방 앞을 지나다 걸음을 멈추었다. 마음속으로 기도를 드렸다.

"하나님. 이 방이면 충분해요. 이 방을 주세요. 하나님!"

그때 본적이 있는 주인아주머니가 깜짝 놀라며 다가왔다. 나를 훑어보더니 썩 내키지 않는 표정으로 말을 하였다.

"그때 방보고 간 사람이네요."

"예. 이 방을 꼭 얻고 싶어서 다시 왔습니다."

"그래요? 그러면 보증금부터 내면 월세는 후불로 내도록 해줄게요."

말문이 막혀버렸다. 억지로 용기를 내어서 말을 했다.

"저… 기… 보증금을 후불로 드려도 되는지요. 꼭 허락해 주십시오."

고개를 푹 숙여 절을 했다. 주인이 헛웃음을 쳤다. 무슨 말인지 하려다가 입을 다물었다. '나는 역시 안 되는구나.' 생각하며 돌아섰다. 몇 걸음을 걸어 나오는데 주인이 불렀다.

"아가씨! 옆에 교회를 다니는 분이세요?"

나도 모르게 "에…"라고 대답하고 말았다.

"보증금을 후불로 준다는 보장은 있어요?"

또 말문이 막혀버렸다.

"제가 직장을 다녀서 꼭 드리겠습니다."

"그럼 지금 직장을 다니는 데가 있어요?"

"…"

순간 용기를 냈다.

"저를 믿고 방을 주신다면 절대로 실망시키지 않겠습니다."

"아니, 직장을 가야 돈이 나오지."

혼잣말처럼 하였다.

"내가 아가씨 믿고 한 달만 방을 줄 테니 그리 아세요."

"예. 감사합니다. 아주머니. 저를 믿어주셔서 정말 감사합니다."

'오! 하나님 아버지 감사합니다.' 기도 응답이 이루어지는 순간이었다. 방 열쇠를 넘겨받았다.

"연탄은 어쩔 거예요?"

"연탄요?"

그제서야 퀴퀴한 방 한 칸이 얼음 냉굴임을 알았다. 주인아주머니는 연탄가게에 주문해도 백장 이상만 배달해준다고 했다. 나는 괜찮다고 했다. 밤이었다. 아무것도 없는 빈 방에 우두커니 앉아 있었다. 내 방이 있다는 것이 믿어지질 않았다.

벽지가 너덜너덜하며 벽 군데군데에 대못이 박혀 있었다. 창문 틈 사이로 바람이 들어왔다. 방바닥은 시멘트처럼 차가웠다. 그 차가운 방바닥에 무릎을 꿇었다. 돈 한 푼 없는 내게 이 방을 주신 분은 분명 하나님이심을 눈물의 기도로 고백하고 있었다.

새우처럼 웅크린 채 누웠다. 새벽 추위에 눈이 떠졌다. 나의 공간에서 잠을 자고 있다는 것이 믿어지질 않았다. 하나님께서는 나의 기도를 들어주셨다. 그토록 소원했던 나의 방 한 칸을 주신 것이다. 새벽예배를 드리기 위해 교회로 걸어서 갔다. 감동이 밀려왔다. 정말 놀라운 기적을 경험하는 순간이었다. 아침밥을 해 먹을 냄비도 숟가락도 아무 것도 없었다. 그러나 노트를 꺼내어 일기를 썼다. 지금껏 눈물겹도록 살아온 내 절반의 인생은 실패였던가. 사람의 눈으로는 그리 말할 것이다. 내 속에 살아계신 하나님이 나와 함께 하는 한 내 인생은 언제나 축복임을 믿는다.

악착같이 살아왔던 어린 시절의 기억들이 나에게 끝까지 살아야 한다고 호소하는 것 같았다. 그렇게 비참하게 살아온 날들이 억울해서라도 나는 이 바닥을 짚고 일어서야만 했다. 부엌에서 찬물로 세수를 하고 사람들이 사는 세상 속으로 나왔다. 전봇대에 붙어있는 광고들을 보았다. 사람들에게 이곳이 어디냐고 물어 보았지만 알 수가 없었다. 며칠을 그렇게 돌아다녔다. 찬바람이 살을 파고들었다. 일주일을 헤매 다니다 구인광고를 보고 어느 가구공장 사무실로 찾아갔다.

"이력서 자기고 왔습니까?"
"아니요."
나는 뜻밖의 질문에 당황했다.
"나이가 몇 살이요?"
"스물.. 여덟이요"
"뭘 할 수 있어요? 타자 쳐요?"

"아… 아니요."

"그럼 주방에서 설거지나 할래요?"

"예…"

옆에 있던 남자들 서너 명이 소리 내어 웃었다.

"여기서 일하고 싶소?"

"예…"

얼굴이 벌겋게 달아올랐다. 사장은 바쁜 듯이 자리에서 벌떡 일어나더니 말했다.

"정말 우리 공장 식당에서 일할 거요?"

"예에."

나도 힘주어 대답을 했다.

"월급은 많이 못줘요. 일하는 거 지켜보고 줄 거예요. 괜찮겠어요?"

"예. 감사합니다."

나도 모르게 절을 두 번이나 했다.

"내일부터 여덟시 반까지 출근하고 일은 이것저것 아무거나 할 거예요."

"예. 감사합니다. 열심히 하겠습니다."

너무도 기뻐서 '야호'가 터져 나올 것 같았다. 나는 공장의 심부름과 물건 나르는 것, 그리고 점심시간엔 주방에 들어가 점심상을 차리는 일을 했다. 설거지는 물론이었다. 하루 종일 마당에서 무거운 물건을 들었다. 남자들이 하는 일이었다. 어떤 고된 일이어도 나는 감사하는 마음뿐이었다.

과외 선생님

보름 후, 첫 가불한 돈으로 만 원을 하나님께 기적의 마중물 예물로 눈물의 십일조 헌금을 드렸다. 지는 석양 저 너머로 한 줄기 희망의 빛이 비춰오고 있었다. 새벽마다 주의 성전에서 기도를 드렸다. 나도 교회에서 일꾼이 되고 싶었다. 주일학교 교사로 헌신하고 싶었다.

한 달여 시간이 지나갈 무렵. 나의 기도가 응답이 되었다. 주일학교 교사로 임명이 되었다. 기뻐 뛸 만큼 감격하였다. 그때부터 교회학교 한 영혼을 위해 기도하기 시작했다. 나는 아이들이 좋았다. 산골마을 탁아소 아이들을 생각하면 마음이 행복해졌다.

처음 한 명의 아이로 출발한 우리 반은 아이가 친구를 데리고 와서, 아이들은 매주마다 늘어나 많아졌다.

그러던 어느 날, 성경을 읽지 못하는 아이 두 명을 내 방으로 오게 해 함께 성경을 썼다. 한글공부를 집중지도 하였다. 두 아이는 내가 한글을 몰랐듯이 그런 수준이었다. 소리 내어 읽으면서 따라 썼다. 한 달여 동안 집중으로 한글공부를 하는 동안 학교에서 받아쓰기 100점을 맞았다. 그날 밤에 아이의 엄마가 돈 봉투를 들고 찾아왔다.

"선생님. 과외를 부탁합니다."

"예에? 제가 과외요?"

한 번도 상상해 본 적이 없었던 일이 내 삶에 일어나고 있었다. 아이의 어머니는 강제로 돈 봉투를 주고 가 버렸다. 그날 밤, 하나님께 마음을 다해 기도를 드렸다. 한글을 가르친 두 명의 아이가 처음 과외 받는 아이가 되었다. 월세 방에 아이들이 몰려들기 시작했다. 그 이후 아이의 4학년 오빠가 왔다. 그리고 4학년 주변 아이들이 왔다. 과외 인원은 금새 20여 명으로 늘어나고 있었다.

그러던 어느 날, 시골에서 엄마가 서울로 올라왔다. 엄마는 한 방안에 아이들을 모아놓고 공부를 가르치는 나를 보고 너무도 놀랐다. 그동안 나는 전과 책을 사서 혼자 초등학교 공부를 해 오고 있었다.

낮에는 공장을 다녔고 밤에는 아이들을 가르쳤다. 배움이 없는 나는 전과책을 붙잡고 밤새 씨름했다. 이런 내 모습을 본 엄마는 눈물을 적셨다. 엄마는 당신이 나를 못 가르쳤다는 죄책감을 안고 있었다. 우린 서로 부둥켜안고 가슴에 쌓인 그리움을 눈물로 토해냈다. 빈 몸으로 떠난 딸이 어떤 일을 하며 어떤 모습으로 살고 있는지를 눈으로 본 것이다.

애들이 너무 많아져서 공장을 그만두고 본격적으로 과외에 매달렸다. 연탄 아궁이에 불이 들어오고 아침마다 엄마가 해준 따뜻한 밥을 먹었다. 쌀을 한 되씩 사다가 이젠 한 말을 산다. 라면을 한두 봉지씩 사다가 한 박스를 사던 날, 이 세상에 부러울 게 없어졌다.

하나님은 한 가지씩 풀어주셨다. 나는 이제 혼자만의 외로움에서 벗어나 어머니와 함께 하는 삶이라면 얼마든지 헤쳐 나갈 자신이 생겼다.

봄이 한창 무르익은 5월이었다. 빨랫감을 모으고 방 청소를 하려는데 문 앞으로 들어서는 그림자가 있었다. 아무도 찾아 올 사람 없는 이 낯선 곳에 사내는 방문 앞에 그림자만 드리우고 우뚝 서 있었다.

"누구세요?"

말이 없었다. 그림자도 움직이질 않았다. 방안에 있는 어머니를 불렀다. 순간적으로 겁이 덜컥 났다. 어머니가 문 밖으로 나섰다.

"아니. 이 사람이. 여기가 어디라고 여기꺼정 찾아와. 이 사람 보게."

그림자가 움직였다. 문 앞으로 모습을 드러낸 그를 보는 순간, 나는 지금 시골에 있다는 착각이 들었다. 산골마을로 찾아오던 얼굴이 이곳에서도 나타났다. 그는 방으로 들어오더니 다짜고짜 무릎을 꿇고는,

"어머니. 저는 순애 씨를 진심으로 사랑합니다. 제발 결혼을 허락해 주십시오."

나는 기분이 나쁘고 자존심도 상했다. 엄마는 기가차서 할 말을 잊어버렸다.

"내 딸이 뭐가 부족해서 아이가 둘이나 있는 홀아비와 결혼을 하노. 누구 죽는 꼴 보려고 이러나. 당장 여기서 나가게. 더 이상 볼 일 없네."

엄마는 돌아앉았다.

"어머님. 사위가 아니라도 좋습니다. 저를 수양아들로라도 삼아 순애 씨 살아가는 모습만이라도 옆에서 볼 수 있게 해주십시오. 제발 부탁입니다. 흑흑…"

그는 방바닥에 엎드려 울었다. 나는 밖으로 나와 버렸다.

운명

하늘은 맑고 유난히 파랬다. 1989년 여름, 그러니까 일 년 전 일이었다. 그 당시 대구 매일신문을 읽었다며 산골마을로 한 남자가 찾아왔다. 술 냄새가 났다. 놀란 내 눈빛을 보고 그가 더 놀랐다. 삼십대 중반의 남자에게서 느껴지는 눈빛이 날카롭고 알코올 중독자라는 인상을 받았다.

"저는 죽기 전에 마지막으로 상담이라도 한 번 받고 싶어서 여기까지 찾아왔습니다."

그는 술냄새를 풍기며 꾸벅 절을 했다. 그날 자살하려고 농약을 사서 신문지에 둘둘 말아 아버지 산소를 찾아갔단다. 아버지 묘지 앞에서 소주 한 병을 다 마시고 술기운에 농약을 먹고 죽어버리려고 작정을 했단다. 아버지의 마지막 죽음마저 자신으로 인해 돌아가시게 된 것의 죄책감으로 온 산이 울리도록 통곡을 하였단다. 그리고 농약병을 싼 신문지를 풀어내는데, 신문 한가운데 '청송교도소 재소자들을 돕자'하는 독자 투고란의 글과 내 얼굴이 실린 것을 읽고 자기 마음속에 '이 여자를 만나면 희망을 찾을 수 있을 것'이란 확신이 들었다고 했다.

"제 얘기를 한 번 들어주십시오."

울며 매달리는 남자 앞에 나는 촛점 한 번 흔들림이 없이 말했다.

"예수님을 믿으세요. 오직 예수님만이 당신의 인생을 바꿀 수 있습니다."

남자가 정신을 번쩍 차리는 것 같았다. 그때 행여 달려가 약이라도 먹을까봐 나는 그를 무조건 내몰지는 못했다. 남자는 자신이 꼭 교회에 등록하고 예수님을 믿겠다고 다짐하고 갔다.

며칠 후, 남자가 술이 취해 다시 찾아왔다.

"제 믿음이 바로 설 때까지 도와주십시오."

그리고 남자가 나를 찾아올 때마다 하나님께 기도를 드리고 온다고 했다. 나는 기도를 드리고 오는 사람이 술을 먹고 오느냐는 말은 하지 않았다.

어느 날 남자는 내게 아직 고백하지 못한 얘기가 있다고 했다. 자기에겐 두 아들이 있고 아내는 아이 둘을 두고 집을 나가버렸다고 하며 그 아이들이 죽고 싶을 때마다 마음에 걸린다고 했다. 지금 그 아이들은 자신을 웬수같이 생각하는 어머니께 강제로 맡겨져 있다는 것이었다. 마음이 아팠다.

"그럼 다음에는 그 애들을 한 번 데리고 오셔요."

"예에? 그래도 되겠습니까?"

며칠 후, 얼굴이 붉그레 술기운이 돌아 두 아들을 데리고 나타났다.

"순애 씨. 제가 말씀드린 우리 두 아이입니다."

"…"

나는 두 아이 앞에 앉았다. 눈빛을 마주보며 내 양손으로 아이를 안았다.

"선생님. 안녕하세요."

순간 내 가슴이 울컥했다. 그 아이를 가슴에 안았을 때 구룡포에서 버려졌던 내 모습과 겹쳐졌기 때문이다. 그 아이를 꼭 안고 한참을 있었다. 가슴이 녹아내렸다. 이 어린것들이 엄마가 얼마나 보고 싶을까. 아빠라는 사람이 날마다 술로 사는데 '이 어린 마음이 얼마나 외로울까!' 목젖이 떨려왔다. '너희들도 어릴 때부터 나처럼 가슴시린 인생을 배우는구나!'

아이의 모습에서 어릴 때 나를 보면서 아이들에게 내 마음 문이 열렸다. 새벽마다 내 기도 속에는 그 두 아이가 있었다.

"하나님. 불쌍한 두 아이를 지켜 주세요."

눈물이 났다. 그리고 얼마 후 나는 고향을 떠났다. 인생의 힘든 날들이 절망의 벽처럼 느껴지지만 하나님 안에 있는 사람에겐 희망의 문이 될 것이다. 눈물겨운 날들이 힘들겠지만 훗날 돌아보면 그 눈물겨웠던 날들 때문에 지금의 내가 있음을 알게 될 것이다. 두 아이는 내 가슴에 기도로 남았다. 그런데 그 남자가 서울로 나를 찾아왔다. 왠지 슬픈 예감이 스쳤다.

나는 두려웠다. 내가 살아갈 삶. 내 앞에 닥쳐오는 내일이 두려웠다. 그가 내 인생에 다시 나타남이 예사롭지가 않았다. 산골의 깊은 밤에 쓴 일기장을 폈다. 철저히 고독과 마주하며 지나온 시간들, 외로움의 샘에서 그리움의 물을 길었던 날들이었다. 살아있는 모든 것들의 따뜻한 숨결을 느꼈던 자연 속이었다. 어느새 잃어버린 기억들이 일기장 속에 숨어 있다가 내 곁으로 다가왔다. 인간의 가슴속에 그리움은 그 영혼이 가장 맑은 상태란 뜻이다.

이끼 낀 영혼에는 그리움의 시는 묻혀버린다. 혼자 있어 내 영혼과 내면을 보며 살았던 시간 속으로 깊이 들어왔다. 인간에게 고독의 힘이 얼마나 강한지, 그 힘으로 삶을 지탱하고 깊은 영혼과 만난다. 힘든 내 마음을 일기장에 묻고 그 밤을 보냈다. 기억 속에 풀 향기가 배어있었다. 눈부시도록 아름답고 눈물겨운 내 인생의 푸르른 날은 그 산골에서 익어갔다. 나는 방관자가 되어 내 속에 또 다른 나를 보았다. 그리움의 샘에는 어린 날의 섬이 있다. 그 섬에 내 눈물은 한 방울의 씨앗이 되어 남겨졌다. 끝없는 기다림은 그리움이 되고 산이 되어 다가왔다.

그리운 것은 그리워하고 서러운 것은 눈물 흘리며 내 유년의 기억을 떠나보냈다. 눈물에 젖은 습기 찬 내 영혼을 빨랫줄에 널어 말렸던 날들. 사람의 영혼을 햇볕에 쬐어 말릴 때 다시 살아남을 그때에 알았다. 내가 살던 초가집은 지붕의 한 쪽이 허물어져 입을 벌렸다. 누군가 살다가 먼 곳으로 떠나간 폐허에서 살았다. 그 폐허 속에서도 영혼은 맑은 사슴 눈과 같았다. 문명에서 벗어나 정신적 가치를 위해 살고자 내면의 눈을 떴던 곳이다. 나는 생각했다. 오늘을 어제처럼 살지 않으면 분명 미래는 온다는 것을 생각하며 날마다 내 마음을 추스르며 지냈다.

과녁을 빗나간 화살

어느 날 문득 남자가 나타났다. 두 아이도 왔다. 엄마와 나는 얼떨결에 놀랐다. 반갑지 않은 손님이었다. 아이들을 꼭 안아주었다. 눈시울이 젖어들은 아이들이 내게 안겨 울었다.

'너희들 잘 있었어? 날마다 기도했단다. 많이 컸구나.' 하는 생각을 말로하진 않았다. 애들을 마당에 놀게 하였다. 그런데 남자가 가슴속에서 농약병을 꺼냈다. 엄마와 나는 동시에 마주보았다.

"순애 씨가 나를 받아주지 않는다면 내같은 인간은 살 가치도 이유도 없습니다. 여기서 순애 씨가 보는 앞에서 이 농약을 먹고 죽을 겁니다. 천사 같은 순애 씨가 우리 애들을 외면하지는 않겠지요. 약속해 주십시오. 저를 살리느냐 죽이느냐는 순애 씨께 달렸습니다. 사실 저는 지금 쫓기는 수배자 신분입니다. 언제 붙잡힐지 모르는 상황입니다. 제발 우리 애들, 불쌍한 우리 두 아이들을 버리지 말아주십시오."

농약병을 잡고 통곡을 하였다. 마지막으로 대답을 해 달란다. 지금! 시간은 지금 뿐이라며 농약병을 땄다. 나는 그 병을 뺏어 던졌다. 병 깨지는 소리가 컸다. 남자에게서 술 냄새가 났다.

"저에게도 시간을 주세요."

강제로 남자를 떠밀어냈다. 나는 주저앉아 울었다. 내 운명의 무게에 짓눌렸다. 금식 기도를 결심했다. 내 것이 아닌 내 운명을 오직 하나님께 내 인생의 길을 묻기로 했다. 하늘이 무너져 내렸다.

새벽마다 하나님 앞에 나아갔다. 하루, 이틀, 사흘… 온전한 금식을 드리는 중에 요한복음 12장 24절 말씀을 받았다.

한 알의 밀알이 땅에 떨어져 죽지 아니하면 한 알 그대로 있고, 죽으면 많은 열매를 맺느니라이 말씀을 가슴에 새겼다. 나는 한 알의 밀알이 되어야 했다. 쫓기는 몸으로 죽음 앞에서 살기위해 몸부림치는 사람. 그리고 버려진 두 아이를 위해 나는 한 알의 밀알이 되어야 했다. 이것이 나의 길이다. 내가 금식기도 속에 하나님께 받은 응답이었다.

나의 이십대 영혼을 불사르며 내 인생의 가난과 허기로 얼룩진 내면을 잊기 위해 책에 파묻혀서 시간을 붙잡았던 눈물겨운 몸부림! 그렇게 지켜냈던 내 삶이 한 남자의 어처구니없는 벼랑 끝 절규 앞에서 송두리째 무너져야 하는가… 내가 꿈꿔왔던 인생은 이런 길이 결코 아니었다. 내 가슴이 찢기어 나가는 이 고통으로 나뭇잎 하나 푸르게 하지 못함을 알기에 나는 하나님의 뜻을 받아들이는 내 마음을 보았다. 그 남자의 내면과 인격과 살아온 삶이 왜 그토록 산산이 부서진 죽음 같은 바닥을 짚고 있는지 나는 모른다.

이렇게 상처투성이인 사람을 감당할 자신이 없기에 며칠 째 넋 놓고 있었다. 내가 왜 이 사람을 받아들여야 하는가. 누구를 위한 길인가. 내 운명의 목을 조이는 그 남자는 누구에게서 그런 특권을 부여 받았단 말인가…

그 대답을 그 남자가 했다. 처음으로 남자는 술을 먹지 않은 채 며칠 만에 나타났다.

"박순애라는 여자를 만나게 해 주신 하나님이라면 그 여자와 꼭 결혼할 수 있게 도와주십시오."라고 자신도 하나님께 간절히 기도하였단다. 그리고 확신을 가지고 지금 달려왔단다.

"오! 하나님. 제 인생을 여기까지 인도해 주신 기적의 하나님이 왜 저런 사람을…"

내 가슴 깊은 곳에 마치 바위 틈새에 물기가 젖어들 듯 슬픔이 젖어왔다. 오랫동안 나를 지켜주었던 '희망'의 문이 닫히는 것을 느꼈다. 살아온 삶보다 더 험난한 길, 누구도 걸어간 적이 없는 광야와 사막이 펼쳐질 것만 같았다. 지금까지도 길이 있어서 여기까지 걸어온 것이 아니다. 아무도 가지 않은 길. 그 길을 내는 자가 되었다.

내가 믿는 나의 하나님이 나와 함께 한다면 두려운 것이 무엇이랴. 그 사람의 깊은 내면을 알지 못하는 것에 대한 두려움이 다가왔다. 한 번도 그 사람과 차분히 내면을 파고드는 대화를 한 적이 없었다. 그것은 한 번도 그와 결혼한다는 생각을 한 적이 없었음이었다. 내 인생의 미래를 위해 내 마음이 움직여져서 결혼을 생각해야 하는데… 너무도 뜻밖의 상황에 휩쓸리듯 흘러가고 있는 내 운명에 가슴이 아팠다. 지금이라도 과녁을 빗나간 화살을 잡아야 한다는 간절함이 있었다.

그 남자는 막무가내로 밀어붙이듯 요구했다. 결혼을 어찌 그렇게 할 수 있단 말인가. 그 사람은 자기입장에 목이 걸려 있었다. 너무도 급한 나머지 물불을 가릴 마음의 틈이 없어 보였다. 차분하고 고요히 살아온 내 정서와 그 사람의 성향이 극과 극으로 느껴졌다. 그 사람의 인생의 절박함에 내 인생이 출렁였다. 그를 볼 때마다 자기감정에 몰입하는 모습뿐이었다. 초조와 불안, 쫓김이 그림자처럼 따라 다녔다.

그 사람 앞에 있으면 차분하던 나의 내면이 숨이 막혀 입술을 잘근잘근 씹고 있었다. 그 사람의 내면에 흐르는 감정이 내게로 이입된 것이다. 짧은 시간, 혼돈이 왔다. 마치 생각하는 나와 행동하는 그가 서로 어긋나는 길을 보았다. 우린 서로가 밟아온 길이 달랐다. 서로의 내면에 켜켜이 쌓인 시간들이 달랐다.

그가 살아온 과거의 시간 속에 쌓인 기억들이 나의 삶의 발자국과는 전혀 달랐다. 이제 그와 내 앞에 펼쳐진 현재의 시간들을 각자 다른 길을 밟고 온 길에서 하나의 길을 걸어가야 한다는 사실 앞에 섰다.

닫힌 문, 열린 희망

내 가슴속에 일렁이던 바람이 잠들기를 기다린다. 그것은 나의 간절한 기도다. 이렇게 복잡한 마음으로 며칠을 기도하고 있을 때 그 남자가 불쑥 나타났다. 깜짝 놀란 내게 남자가 먼저 말을 걸었다.

"순애 씨! 세상에서 가장 소중한 것이 무엇이라고 생각하세요?"

뜬금없는 질문에 나는 당황했다.

'세상에서 가장 소중한 것이 무엇일까'를 생각하고 있을 때 그가 또 말했다.

"음… 하나님이 보시기에 가장 아름다운 것으로 바꿀게요."

"아… 이건 더 복잡한데요."

"순애 씨 입에서는 답이 금방 나올 줄 알았어요."

"그래요?"

"그것은 영혼이에요. 한 영혼…요."

"한 영혼?"

깜짝 놀랐다. 이런 질문도 대답도 상당히 깊이가 있는 영적인 부분이다.

"순애 씨가 바로 그런 분이시잖아요. 저같이 이미 끝난 한 영혼을 이렇게 받아주시잖아요. 하나님이 저를 버리지 않으셨다는 것을 순애 씨를 만나면서 알게 되었어요."

그 말을 하고는 눈시울을 붉히며 하늘을 보았다. 심장이 "쿵" 소리를 내며 내려앉았다. 그의 내면의 생각이 어떠한지 알지 못했던 나는 눈을 다시 뜨고 그를 보았다. 나보다 많은 인생을 살아온 그는 쓰라린 상처와 아픔을 안고 인생의 바닥을 짚은 자다. 상처투성이인 그의 가슴에 뼈에 사무치도록 살고 싶다는 마음을 보았다. 그의 내면이 생각보다 깊었다.

내 마음은 혼미해졌다. 그를 어떻게 보아야 할지 몰랐다. 그

즈음 방에서 가르치던 과외 아이들이 서른 명을 넘었다. 나는 처음 드리는 최고의 십일조 헌금을 드리며 밤새워 공부하며 아이들을 가르쳤다. 내게 무슨 실력이 있어서 아이들을 가르치는 것이 아니었다. 전과 책을 사서 어제 배워서 오늘 가르치는 것이다. 작은 방안에 큰 상 두 개를 펴고 서른세 명 아이들을 열한 명씩 세 타임으로 나누어 가르쳤다.

하나님은 나에게 먼저 전과로 공부하게 하셨다. 밤 새워 공부하고 준비해 초등학교 전 학년을 다 가르쳤다. 새벽마다 세 시간씩 엎드리는 기도의 힘으로 달려가고 있었다.

어느 날, 과외가 문을 닫았다. 학교에서 담임선생님이 '불법과외'에 다니는 아이들을 손을 들게 했다. 그 즉시 학부모님에게 연락을 하며 불법과외에 보내면 아이도 학부모도 처벌을 받는다고 하였다.

아이들의 발걸음은 동시에 끊어졌다.

"미안해요 선생님. 우리 애를 더 이상 못 보내게 되었어요."

"…"

하늘이 무너졌다. 몇 달 동안 전과로 수많은 밤을 지새웠던 나는 너무도 허탈했다. 이렇게 허무하게 끝나버릴 것을 그토록 공부에 매달렸던가. 무너진 하늘 아래 삼일 동안 밥을 먹지 못하고 이불을 뒤집어쓰고는 금식 기도를 드렸다. 아니 삼일 동안 이불을 뒤집어쓰고 앉아서 울고만 있었다. 그런 내 모습을 보는 엄마가 애간장이 녹는다며 울었다.

"배우지 못한 니가 이 길은 가당치도 않다. 그러니 공부는 치우고 다시 공장을 다니 거라."

단호하게 말했다.

"싫어. 싫어. 나는 애들이 너무도 좋단 말이야. 이대로 끝낼 수는 없어. 하나님이 나를 이렇게 끝내려고 지금까지 나에게 공부 가르쳐 주실 리가 없어. 엉엉…"

물 한 모금 먹지 않은 채 삼일이 되는 날 밤이었다.

'기도할 수 있는데 왜 걱정 하십니까' 찬양가사가 내 가슴을 파고 들었다.

"하나님. 이 캄캄한 절망감은 분명 저에게 다시 기도하라는 하나님의 뜻이지요."

내 마음 속에 강력하게 '여호와의 집, 성전으로 달려가라.'는 확신이 들었다. 그 순간 이불 안에서 삼일 간을 웅크리고 앉아있었던 자리를 박차고 일어났다. 교회를 향하여 달려가는 내 발등으로 눈에서 굵은 눈물이 뚝뚝 떨어졌다.

성전 안 강대상 바닥에 엎드렸다. 내 속에서 억눌렸던 감정이 폭발하듯이 터져 나왔다.

"하나님 아버지! 저를 불쌍히 여겨 주소서… 아버지여. 저를 버리지 마소서…"

얼굴을 성전 바닥에 대고 통곡의 눈물을 몇 시간을 쏟아냈다.

새벽녘이 되어 폭풍의 파도를 넘던 나의 마음속에 잔잔한 호수 같은 평안이 찾아왔다. 그때 하나님이 주시는 마음의 확신이 있었다.

'너는 사십일 간 이 강단에서 기도 무릎을 꿇어라.'

그 순간 내 몸이 흠칫 놀라며 눈을 떴다. 어두운 성전 안에 강대상 바닥에 엎드린 나 외엔 아무도 없었다. 십자가만 보였다.

"아버지여. 사십일 기도에 순종하겠습니다. 온전히 하나님께 마음을 다하여 기도하겠습니다."

고백하는 마음속에 상상할 수 없는 평안과 기쁨과 감동이 밀려왔다. 이렇게 기쁠 수가 있을까. 몰아치던 폭풍은 어디론가 사라졌다. 작정기도의 첫째 날을 하나님께 드렸다.

천둥 같은 눈물을 쏟아낸 남자

과외는 중단되고 환경은 무너졌지만 내 마음속에 조금도 두렵지 않고 오히려 기쁨이 밀려왔다. 평안이 넘쳐났다. 엄마가 나를 보고는 고개를 갸우뚱했다. 나는 성경을 쓰고 책을 읽었다. 이튿날에도 밤11시에 교회로 달려갔다. 어제 그 자리. 강단 앞에서 무릎을 꿇고 밤 새워 기도를 드렸다. 암흑 속에서도 하나님의 눈은 나를 보고 계셨다. 눈을 감고 엎드린 내 심령 속에는 오직 하나님을 향하여 하늘의 길이 열렸다. 나의 기도는 하늘의 길을 내는 향기가 되어 올려졌다.

"하나님 아버지! 나의 길을 막으실 때는 당신의 길을 보여주기 위함임을 믿습니다. 아버지여! 아버지여! 나의 길은 막으시고 당신의 길을 열어주소서. 보여주소서. 나의 생명은 사나 죽으나 당신의 것이나이다."

그날 밤 나의 길을 막으심은 당신의 길을 보여주시고 열어주심이라는 응답을 받고 무조건 "아멘. 아멘. 아멘"을 밤새도록 외치며 새벽을 맞았다.

그저 인간 냄새를 맡고 싶어 그 날 낮에 시장을 갔다. 장바닥에 보자기를 펼쳐 놓고 온갖 나물, 시금치, 미나리를 파는 모습을 바라보며 고향의 내 모습이 여기까지 따라왔구나 싶어 눈물이 났다. 인생의 각양 모습을 눈에 담고 마음에 꼭꼭 새겨서 양손으로 장보따리를 들고 집을 향해 걸어왔다. 골목길을 돌아 언덕을 향해 걸어가는데 불현 듯 그 남자가 나타났다. 걸음을 주춤했다.

"순애 씨. 꼭 드릴 말씀이 있습니다. 이 차를 타시지요."

"예에?"

그의 표정이 무엇인가를 결심한 듯했다.

"무슨 말인데요."

"잠시만 시간을 내 주십시오."

내 팔을 끌어 자신이 몰고 온 차에 강제로 태웠다. 양 손에 든 보따리까지 강제로 빼앗았다.

　차는 시내를 벗어나 자꾸만 집과는 멀어져가고 있었다. 내 표정이 무거웠다. 남자가 말했다.

"조금만 더 가면 됩니다."

　외곽으로 나와 커브길을 돌았다. 점점 위로 올라가 어느 고갯길 정상에 멈췄다. 밖을 보았다. 고향의 풀 냄새가 났다. 우린 차에서 내리지 않았다. 나는 멍하니 들판의 풀을 바라보았다. 바람이 오기 전에 풀이 먼저 흔들렸다.

"순애 씨. 드릴 말씀이 있어서 이런 한적한 곳까지 모시고 왔습니다."

　남자가 정중한 자세로 말을 했다. 나는 정면으로 그 남자를 보며,

"제가 먼저 말하겠어요."

　너무도 단호한 나의 말에 그 남자가 눈빛으로 대답했다. 오랫동안 진주처럼 소중하게 간직했던 내 마음을 다른 사람에게 막상 고백하려니 말보다 눈물이 앞섰다.

"아니 순애 씨. 무슨 말을 하려고 울기부터 하십니까."

　남자가 불안해했다.

"저는 이 세상에서 저의 엄마를 제일 사랑합니다."

　눈물이 볼을 타고 내렸다. 남자가 찌푸리며 인상을 썼다.

"엄마를 사랑하신다고요. 좋은 말이죠."

　남자의 입술이 바싹바싹 타들어가고 있었다. 나는 그 다음 말

을 하기도 전에 통곡하듯이 울음이 터졌다. 우는 나를 이해할 수 없다는 듯 남자가 머리를 양손으로 벅벅 긁으며 짜증을 냈다.

"저의 엄마의 소원이 있어요. 엉엉…"

울음이 터져서 말을 이어갈 수가 없었다. 그때까지 참고 들었던 남자가 엄마 얘기를 들으려고 여기까지 온 것 아니라고 말을 하려는 것 같았다. 남자는 가만히 있지 못하고 얼굴이 울그락 불그락 해가지곤 시선을 여기저기로 돌렸다.

"저의 엄마의 소원은 단 한 가지뿐이에요. 흑흑…"

엄마와 함께 살았던 처절했던 시간들의 기억이 내 눈물과 함께 여기까지 달려왔기 때문이다.

"그 한 가지가 뭡니까. 어머니의 그 소원이요?"

성격이 급한 남자는 속을 치고 올라오는 자기의 감정이 담긴 그 말을 결국 고함을 지르듯 내게 토해냈다. 나는 목구멍에 걸린 마지막 말을 했다.

"그것은 제가 목회자에게 시집가는 거예요. 엉엉…"

순간 남자는

"아!! 아!!!! 악!!"

주먹으로 핸들을 막 내리쳤다. 내 눈물은 아무 것도 아니었다. 그는 막무가내로 울었다. 천둥 번개 같은 울음을 토해냈다. 내 울음은 자취를 감추었다. 그는 나보다 백배 천배로 고함을 지르며 울었다.

"그 말을… 그 말을 왜 이제 와서 합니까? 왜! 왜!"

남자의 입에서 침이 차 바닥으로 줄을 타고 흘러내렸다. 그의 절규하는 충격과 눈물을 옆에서 볼 수가 없었다.

"말씀드릴 기회가 없었어요. 늦게 말해서 미안해요."

"저는 죽어 버릴 겁니다. 나 같은 놈은 원래부터 살 가치도 없고 운도 더럽게 없는 놈입니다. 내 하나 죽어버리면 그만인데. 왜!! 이렇게 구차하게 순애 씨에게 빌붙어 살려했는지… 악… 악… 내 하나 죽어버리면 다 끝납니다. 끝나요."

차가 흔들리도록 남자는 온몸에 용을 쓰며 눈물, 콧물 범벅이가 되었다. 수건이 어디에 있는지, 무엇으로 저 번들거리는 얼음판 같은 눈물을 닦아줘야 할지 나는 쩔쩔매고 있었다.

"제발, 그 죽는다는 말을 그렇게 쉽게 하지 마세요."

나도 모르게 단호한 표정으로 말했다. 남자가 울음을 멈췄다. 갑자기 겁이 났다.

'두 애들도 있는데 아빠란 사람이 툭하면 죽는다고 합니까. 그런 말을 하지 말아요. 인간은 살 의무만 있지, 죽을 권리는 없어요. 하나님만이 우리 생명을 거두어 갈 수 있어요.'라는 말을 마음속으로만 외쳤다. 진실의 눈빛으로 남자가 말했다.

"저는 순애 씨가 아니면 살 자신이 없어요. 살 이유도 없어요. 제 인생은 여기가 마지막이에요. 순애 씨에게 제 생명과 우리 두 아들의 생명이 다 달려있어요. 제가 어떻게 하면 순애 씨와 결혼을 할 수 있을까요. 그 길만 제가 사는 길입니다. 제발 그 길을 가르쳐 주십시오. 순애 씨. 제 진심입니다."

"그 길은 하나예요. 당신이 주의 종이 되는 거예요."

나는 그 사람의 손을 꼭 잡았다. 남자의 울음소리가 천둥소리처럼 커졌다. 자기의 두 손으로 내 손을 꼭 잡았다.

하나님이 보낸 사람

나의 사십일 작정기도가 이십삼 일이 되는 날, 가게에서 생선 몇 마리를 사서 검정봉지를 들고 가게 문을 나서는데 맞은편에서 나이가 좀 들어 보이는 스포츠머리를 한 남자가 나를 지나쳐 가다가 걸음을 멈추었다. 얼떨결에 나도 잠깐 멈추었다 그대로 지나쳤다. 순간 그가 나를 향하여 뛰어와 어느새 내 앞을 가로막고 섰다. 숨을 헐떡이며 서 있는 남자의 얼굴이 눈에 익었다.

"박순애 강사님 맞지요?"

다급한 목소리로 말했다.

"저 모르시겠어요. 청송보호감호소의 최기택이라고… 편지도 여러 번 드렸잖습니까."

그의 표정과 말이 너무도 진지했다. 나는 고개를 갸우뚱하며 하늘을 쳐다보았다. '오! 하나님. 어찌 이런 곳에서…' 속으로 나는 절망을 느꼈다. 이렇게 초라하고 부끄러운 모습으로 그를 만나다니…

"청송에서 강사님 강의를 듣고 성경을 썼습니다. 성경을 다 쓴 것을 꼭 강사님께 보여드리고 싶었습니다."

"아. 그래요. 큰 결심을 이루셨네요."

"저는 수년간 감방에서 성경을 쓰면서 하나님을 만났습니다. 눈물로 기도도 많이 했습니다. 죄악으로 점철된 저의 인생을 처음 보았습니다."

그는 고개를 푹 숙이고 있었다. 나보다 이십 년은 나이가 더 들어 보이는 그는 나를 마지막으로 본 것이 청송 제1보호감호소에서 가을운동회 때라고 말했다. 얼굴엔 깊은 주름이 있었고 짧은 스포츠머리에 잠바 차림이었다.

"강사님. 그 체육대회 운동장에서 마지막으로 뵙던 날, 감호자들이 오늘 박순애가 온다는 소문을 듣고 몸이 아파 병동에 누워 있던 환자까지 다 나갔는데 암만 기다려도 안 오는 거예요. 여기저기서 교도관들에게 욕을 했어요. 우리한테 거짓말로 박순애가 온다고 속이고 사람을 불러냈다고 말입니다. 그때 누가 저기 박순애가 진짜 왔다고 소리를 질렀어요. 그토록 환호성을 지르게 될 줄은 저희들도 몰랐어요. 마음 같아선 모두들 달려갔을 거예요."

그의 표정은 깊은 상념에 젖어들어 이야기보따리를 풀어 놓았다. 자신은 출소한지 육 개월이 되었는데 출소하는 날 곧바로 신장기증협회를 찾았단다. 평생 죄만 지은 자신도 이제는 남을 위해 살고 싶어서 신장을 기증하겠다고 검사를 받았는데. 생각보다 빨리 자신과 맞는 군인이라는 환자를 찾았다고 연락이 왔단다.

기도하는 마음으로 신장이식 수술을 했다고 한다. 그 말을 하다 그가 갑자기 벌떡 일어나더니 잠바를 벗고 그 안에 입은 티셔츠를 걷어 올리고 바지춤을 아래로 당겨 내렸다. 그리고 배에 난 수술자국을 내 앞에 내밀었다. 흉한 흉터가 남아있었다. 순간 나는 두 손으로 입을 가렸다. 그의 행동은 서슴없이 눈 깜짝할 사이에 이루어졌다. 주위 사람들이 깜짝 놀라서 모두들 이쪽을 쳐다보았다. 그는 마치 엄마에게 자기의 행동을 자랑하고 싶은 아이처럼 내 앞에서 자랑했다.

그 후 그는 취직을 해 바로 이곳에서 일한지 삼 개월째라 했다. 날마다 찬물로 세수하며 청송에서의 처절했던 삶을 잊지 않고 끝까지 새 사람이 되어 살겠다고 하나님께 날마다 기도하고 있다고 했다. 다음번에는 자신이 청송에서 쓴 필사성경을 가지고 오겠다고 했다. 정말 아름다운 감동의 모습이었다.

"축하드립니다. 너무 멋져요. 이젠 뒤돌아보지 말고 앞만 보며 살아가세요. 지금 모습이 너무도 멋집니다."

"감사합니다. 이 모든 게 다 강사님 덕분입니다."

"무슨 말씀을요. 오히려 제가 부끄럽습니다."

"저는 새벽에 신문배달을 하고 들어가서 밥 먹고 아홉 시까지 출근을 하는 바쁜 생활을 규칙적으로 하고 있습니다."

"대단하시네요. 힘들지는 않으세요?"

"그래도 청송을 생각하면 전 지금 너무 행복합니다. 믿기지 않을 때가 있습니다. 제가 이렇게 살고 있다는 사실을 믿을 수가 없어요."

그의 표정이 우울해졌다. 청송의 기억이 그를 진저리치게 만드는 것 같았다. 그는 서울에서 그것도 우연히 나랑 만나서 이렇게 마주앉아 자신의 속을 털어놓게 될 줄은 몰랐다고 했다. 꿈만 같다며 마음이 붕 떠 있었다. 이번엔 내 차례였다.

나는 고향을 떠난 이후의 이야기를 들려주었다. 그의 가슴 깊은 고백을 들으며 나 또한 솔직히 말하고 싶었다. 그리고 과외를 하다가 지금 중단된 상태까지도 모두 이야기를 했다. 헤어진 후 그가 나를 찾아온 것은 사흘이 지난 후였다. 밖에서 오토바이 소리가 나더니 멈추었다. 그가 나를 급히 불렀다. 깜짝 놀란 나에게 그냥 가보면 안다고만 했다. 그를 따라갔다. 한참을 달린 후 어느 건물 앞에 섰다. 그가 근무하는 회사였다. 그는 나를 만난 이후에 자기 사장에게 나의 이야기를 했단다. 지금 나에게 도움을 줄 수 있는 사장에게 나를 만나게 해 주고 싶었다고 하였다.

나는 그를 따라 사무실 안으로 들어갔다. 생각보다 젊은 사장이 나를 기다리고 있었다. 처음 인사를 나눈 사장은 차를 마시며 차근하게 이야길 했다. 출소자 최기택을 채용할 당시 많이 망설였지만 지금은 크게 만족하고 있다며 칭찬을 하였다. 부지런하고 성실하게 사는 그의 모습을 보며 어떤 때는 자신도 감동을 받을 때가 있단다. 그런 그가 어제 정말 도와주고 싶다고 나의 이야기를 하더란다. 그 부탁은 결국 사장인 자기에게 도와달라는 간청으

로 들리더란다. 그래서 나를 한 번 보자고 했단다. 사장은 대뜸,

"학원을 하시려면 얼마 정도면 됩니까?"

"학.. 학원요?"

나는 학원을 한다는 생각을 해 보았던가. 나는 기도의 응답이 눈앞에 와 있음을 순간 느낄 수 있었다. 나에게 필요한 돈을 말하라니. 나는 돈을 모른다. 특히나 학원을 차릴 수 있는 큰돈을 상상도 예상도 해본 적이 없었다.

"천만 원으로 학원을 차릴 수 있겠습니까?"

나는 대답을 못했다.

"제가 그 돈을 빌려드리겠습니다."

"예에? 절 어떻게 믿고 그 큰돈을 빌려주시는지요."

내가 놀라서 되물었다. 그는 웃었다.

"사람을 보면 알지요. 강사님 얼굴엔 적어도 이 돈을 떼어먹지는 않을 사람이라는 순박함이 그대로 보여요. 강사님도 그렇게 사람을 변화시키는 좋은 일을 해오셨는데 저도 좋은 일 한 번 하고 싶습니다. 받아주시지요."

나는 그 자리에서 벌떡 일어나 고맙다고 절을 했다. 믿을 수 없는 꿈이 현실로 다가오는 순간이었다.

기적의 학원 문을 열다

내가 살고 있는 집에서 꽤 떨어진 곳에 학원 건물이 확정되었다. 날마다 하나님 앞에 엎드리는 기도의 기적을 삶으로 체험하고 있었다. 근방에 초등학교가 있었다. 아무래도 학원은 학교와 가까워야 한다는 것을 알았다. 빈터에 조립식 건물을 짓게 되었다. 건물은 눈 깜짝할 사이에 지어졌다. 빌린 돈의 절반은 건물보증금으로 나갔다. 매월 세를 내는 계약서를 썼다. 나머지 오백만원으론 중고책상과 칠판, 사무실 책상과 소파를 들여놓고 할부로 작은 차 한 대를 구입하는 것까지 딱 맞았다. 여기저기 플랜카드를 걸었고 허가를 위한 서류를 준비하고 전단지를 맞추었다.

모든 일에 자신감이 넘쳐났다. 내가 가르쳤던 과외 아이들 집을 일일이 찾아가서 인사하며 학원 문을 열게 되었다고 알렸다. 중고책상은 지저분했고 의자는 삐걱거렸다. 책상 위에 페인트를 칠하고 마르면 그 위에 니스를 덧발랐다. 이렇게 수고하여 새롭게 만든 학원교실은 그야말로 산뜻하고 멋졌다. 교육청에서 담당 공무원이 직접 나와서 둘러보았다. 줄자로 재며 규정에 맞는지를 다 확인하고 체크를 했다.

건물은 통과가 되었다. 문제는 자격증이었다. 세상을 잘 모르고 이런 교육행정에 대하여 전무한 내가 초등학교 중퇴 학벌이 전부인데 감히 학원을 하겠다는 것이 세상 사람이 알면 기가 찰 일이다. 그런데 놀라운 사실을 알았다. 사설 학원에는 가르치는 교사를 대학을 졸업한 교원 자격증을 갖춘 선생님을 채용하면 원장의 학벌은 규정이 없었다. 학원 설립자는 학벌을 묻지 않았다. 기도하며 달라온 이 길은 하나님이 나를 위해 예비하신 기적의 길이었다.

놀랍게도 밤 새워 사십 일의 작정기도가 끝나는 날, 관인속셈학원 개원예배를 드리게 되었다. 처음 사십 일 기도를 시작할 때는 모든 것이 백지상태에, 절망의 구덩이에 빠진 한 인생이 오직 하나님 앞에 살려달라고 매달리는 눈물의 기도로 밤을 새웠다. 눈에 보여서 순종한 것이 아니다. 순종한 후에 하나님이 열어주신 기적의 길이었다. 믿음의 사람이 진심으로 간구하면 하나님은 돕는 자를 보내주신다.

이미 예비해 놓으신 만남이 있었다. 믿음으로 하나님께 간구하며 오직 하나님께 길을 물으면 하나님은 내가 알지 못하는 크고 비밀한 일을 보여주신다. 이것이 기도의 비밀임을 알았다.

학원 문을 열고 처음 수업이 시작되는 날, 과외했던 아이들이 친구, 동생을 한 명씩 데리고 등록을 하는데 문 여는 날 60여 명이 등록을 했다. 처음에는 선생님 한 명으로 시작했다. 아이들이 몰려 들어 급히 두 번째 선생님을 뽑게 되었다. 처음 교사는 아이들이 예상 밖으로 몰려들었지만 그는 노련했고 아이들을 가르치는 노하우가 있었다. 좀 무서운 듯하였지만 나는 속으로 그의 수업법을 배우고 있었다. 나는 원장으로서 온종일 상담전화와 찾아오는 어머니를 만나느라 밥 먹을 시간이 없었다. 할부로 뽑은 작은 차를 운동장에서 처음 핸들을 잡고 연습을 하였다. 차 뒤 유리에는 '초보운전'이라고 써 붙였다.

처음 시작하는 학원이므로 기사를 둘 수가 없었다. 나는 무조건 운전을 배워야만 했다. 끝없이 연습하며 실습을 했다. 학교 운동장처럼 넓은 데서 브레이크를 밟지 못한 채 냅다 화단 가에 세워둔 바윗돌을 들이받았다. 무엇이든지 새로운 세계 속으로 들어간다는 것은 또 다른 인생을 사는 것처럼 신기하기만 했다. 한 번도 가 본적이 없는 초행길을 가는 게 인생이다. 지난 날 산골에서 먼저 살다간 이들의 인생의 주옥같은 메시지들을 책을 통하여 얼마나 가슴에 새겼던가. 내게도 이런 삶이 오다니… 이런 날이 오다니… 믿을 수 없는 현실 앞에 새벽마다 하나님 앞에 엎드려 감격의 눈물을 흘렸다.

어느 날 퇴근하고 돌아가는 집 앞에 통곡하고 돌아갔던 그가 서 있었다.

"순애 씨…"

"오셨어요."

"제가 결심을 했습니다."

그의 목소리가 단호하게 나왔다.

"무슨… 결심을요."

"어떤 일이 있어도 순애 씨를 놓칠 순 없습니다. 무엇을 하라고 해도 다 할 것이며…"

그가 길바닥에 무릎을 꿇었다.

"아니, 여기서 왜 이러세요."

"순애 씨에게 폐를 끼치지 않고 살아보려고 지금까지 발버둥을 쳤는데… 꺼억꺼억…"

나는 하늘을 쳐다보는 듯 그를 피하여 눈길을 돌렸다. 그때 알았다. 금식기도를 했을 때 이미 이 버려진 남자와 두 아이, 그 불쌍한 영혼들을 위해 '한 알의 밀알이 되어라'는 하나님의 말씀을 받았음을…

이 남자는 하나님이 보낸 사람이다. 더 이상 나를 속이면 안 되었다. 하나님이 보낸 불쌍한 영혼이다. 기도하는 내 마음에 하나님이 주셨던 감동을 잊지 말자고 속으로 다짐을 했다. 나는 그를 이끌어 엄마가 기다리는 방으로 들어갔다. 한동안 보이지 않던 남자가 나랑 같이 방으로 들어가니 엄마가 깜짝 놀랐다.

"어머니. 이 못난 놈 또 왔습니다."

그가 죄인처럼 엎드려서 엄마 앞에서 울었다. 엄마는 얼굴이 일그러지더니 그를 외면하고 돌아앉았다.

"왜! 우리가 이렇게 못 산다고 우습게 보이나. 내 딸이 뭐가 부족해서 새끼가 둘 딸린 자네에게 시집을 가. 내 눈에 흙이 들어가기 전에는 절대로 안 돼!"

내 가슴이 찢어질 듯 아팠다.

"오늘은 그만 돌아가세요."

쓰러질 것 같은 엄마를 위해 그 사람을 강제로 떠밀어냈다. 온종일 딸을 기다린 엄마 앞에 밥상을 차렸다. 벽을 보고 누운 엄마는 소리를 내며 울고 있었다.

"엄마… 엄마…"

"니는 내 희망인데… 엉엉…"

"엄마… 알아."

억지로 엄마를 일으켜 세웠다. 밥숟갈을 입에 떠 넣었다. 나는 엄마 앞에서 어리광을 부렸다. 엄마가 웃는 모습을 보고 싶었다. 평생을 울며 살아온 엄마에게 이제부터는 웃는 일만 안겨드리고 싶었다.

한 알의 밀알이 되어!

새벽이면 성전바닥에 엎드려 하나님께 간절히 기도를 드렸다. 엄마를 생각하면 그를 가까이 해서는 안 되지만 그는 내가 외면하면 정말 죽을 수 있는 사람이다. 내가 선택할 수가 없다. 하나님이 인도해주시는 그 길을 보여 달라고 목숨을 걸 듯이 기도를 했다. 내가 퇴근하여 올 때를 기다리던 남자와 그의 두 아들과 함께 집 앞에서 만났다.

"선생님… 선생님."

아이들이 달려와 내게 매달렸다. 나는 앉아서 두 아들을 꼭 껴안았다. 내 가슴에 서로 파고 들려고 형은 동생을 밀어내고 동생도 지지 않고 내 품에 파고 들었다. 나는 두 아이를 공평하게 양쪽 팔로 안아주었다. 애들의 가슴이 따뜻했다. 엄마가 이 장면을 보았다면 기절을 하겠지만 나는 두 아들을 양쪽 팔에 끼고 방으로 들어갔다. 혀를 차듯이 놀란 엄마가 눈을 동그랗게 뜰 때 내가 먼저 말했다.

"엄마! 애들이 보고 싶어서 데리고 오라고 했어. 한참 못 봤잖아."

"쯧쯧쯧. 남의 새끼를 니가 왜 보고 싶다는 거냐!"

애들이 움츠러 들었다. 남자는 엉거주춤 서서 금방 쫓겨날 자세로 서 있었다.

"엄마! 나 이제부터 이 애들 엄마가 될 거야. 이 애들의 엄마가 되기로 결심했어. 하나님께 금식하고 새벽마다 그토록 기도해도 이 한 가정을 위해 한 알의 밀알이 되라는 응답 외엔 받은 게 없어. 이것이 하나님의 뜻이야. 엄마도 이런 내 마음을 이해해줘. 받아들여 달라고 엄마. 제발! 응응."

"순애 씨…"

그는 큰 소리로 방바닥에 얼굴을 대고 통곡했고 나는 내 가슴을 더욱 파고 들며 우는 두 아들을 안고 통곡을 했다. 남자는 아이들과 함께 나를 힘껏 껴안았다.

"순애 씨. 이게 꿈입니까. 생시입니까. 그 말이 정말입니까."

목젖이 넘어가는 듯 남자가 울었다.

"순애 씨. 정말 감사합니다. 순애 씨가 제 인생과 우리 아이들을 살려주신 겁니다. 이 고마움을 평생 잊지 않고 살겠습니다. 엉엉…"

그때였다. 수십 년, 한 많은 인생을 살아온 엄마의 정신이 충격을 받아 무너져 버렸다.

"순애야. 니가 미쳤구나. 어디에 남자가 없어서 두 아이까지 둔 나이 많은 깡패 같은 놈과 결혼을 해. 아이고! 내 팔자야!"

엄마는 혼 줄을 놓고 통곡을 했다. 당신 가슴을 치며 온몸을 파르르 떨며 고함을 치던 엄마가 충격을 받아 실신을 하였다.

"엄마. 엄마. 안 돼… 안 돼… 엄마! 이렇게 쓰러지면 어떻게 해."

나는 너무도 오랜만에 엄마가 실신한 모습 앞에서 오열했다. 쓰러진 엄마의 몸 위에 엎드려 숨이 끊어지듯이 입에 침이 흘러 엄마 옷이 다 젖도록 울고 또 울었다.

"엄마! 엄마! 엄마… 미안해… 엄마… 나를 용서해줘. 엄마…"

"순애 씨. 정신 차리세요. 순애 씨…"

엄마가 쓰러진 몸 위에 나까지 쓰러질까 봐 그 사람은 손으로 내 몸을 흔들었다. 두 아들의 울음소리가 귀에 아스라이 들렸다. 엄마의 실신하는 모습 앞에서 나도 무너졌다. 내 인생에는 엄마의 운명까지 함께 묶여 있었다. 엄마가 아버지에게 맞아 죽을 뻔한 날들이 얼마 만큼이었나! 그걸 보고 자란 내가 다시 엄마 눈에 눈물을 쏟게 하다니. 안 돼… 엄마… 엄마… 엄마!!

"순애 씨… 미안합니다. 순애 씨. 감사합니다. 우리 때문에 순애 씨와 어머니께 이런 고통을 안겨드리게 되어 정말 미안합니다. 나 같은 놈이 어떻게 해야 두 분에게 폐가 되지 않고 행복하게 해드릴 수가 있겠습니까! 흑흑…"

온 방안이 통곡의 바다가 되어 아이들이 불안과 공포로 떨고 있었다.

"세상에서 제일 사랑하는 나의 엄마에게는 한 없이 죄송합니다. 그러나 하나님께서 제게 말씀하신 대로 두 아이의 엄마가 되겠습니다. 당신과 결혼하겠어요."

"천사 같은 순애 씨… 저에겐 지은 죄밖에 없습니다. 흑흑… 갈 곳 없는 두 아들과 이 한 몸을… 죽어야 마땅한 인생을 이렇게 받아주어 평생을 고마운 마음으로 순애 씨를 사랑하고 어머니께도 더 잘하겠습니다."

눈물의 강을 헤엄치듯 달려온 그가 나와 인생의 미래를 약속하는 대화를 나누고 아이들을 데리고 돌아간 방바닥에 노트 한 권이 놓여있는 것이 아닌가. '이 세상에 태어나 단 한 사람. 당신은 나의 생명을 살려준 은인입니다. 당신 집 문지기라도 좋으니 곁에만 있게 해 주십시오. 나는 당신을 통해서만 거듭 날 수가 있습니다. 그 날이 언제일지는 모르지만 검은 머리가 하얗게 변하도록 당신과 함께라면 죽어도 여한이 없습니다.'

날마다 일기를 쓰듯이 그는 내게 보내지 않은 편지를 쓴 노트를 두고 갔다. 처음 만났을 때부터 지금까지 한 권의 노트가 되어 있었다. 중간중간 읽어 내려가며 나는 눈물을 흘렸다. 그의 멋있는 글씨체에 걸맞게 정성스럽게 매일 적어 내려간 편지였다. 깊은 한숨 속에 그 노트를 끝까지 다 읽으며 그의 속 깊은 마음에 큰 감동을 받았다. 나를 향한 그의 정직하고 진실 된 사랑을 느낄 수가 있었다.

나 때문에 눈물로 몸져누우신 엄마를 설득했다. 어느 날 그와 결혼준비를 서둘렀다. 학원으로 전화를 걸어온 그와 밖에서 잠시 만났다. 자신은 지금 쫓기는 도망자인 상태라 소박한 결혼식을 하자는 것과 자신이 살 곳이 없다는 말을 했다. 지금도 친구에게 얹혀서 살고 있고 자기에겐 돈 한 푼이 없다는 말을 하며 눈시울을 붉혔다. 결혼과 함께 엄마와 내가 살고 있는 월세방으로 들어와 함께 살게 해 달라고 했다.

내 손을 잡고 애써 눈물을 삼키던 그가 주머니에서 작은 케이스를 꺼냈다. 내 눈이 그 작은 케이스에 모아졌다.

"순애 씨. 정말 미안합니다. 이것은 결혼반지라 할 수도 없는 은반지입니다."

은반지를 끼우며 그의 눈물이 내 손등에 떨어졌다. 이 은반지 하나가 내가 받은 결혼 예물의 전부였다.

"괜찮아요. 은반지면 어때요. 내가 금반지보다 더 소중하게 간직하면 되잖아요."

"미안해요. 정말. 이렇게 무능력하고 신분마저 쫓기는 몸으로 순애 씨께 얹혀 살게 되니… 제 인생은 정말 구제불능인 것 같아서 자꾸 마음이 약해져요."

"이제는 그런 생각하지 말아요. 새 사람으로 살기로 했잖아요."

우린 마주보며 서로를 위로했다.

"애들은요?"

자신의 신분 때문에 애들은 시골에서 큰애는 초등학교 2학년이 되고 작은 애는 이제 1학년이었다. 우리는 수많은 절망과 눈물의 파도를 넘어 처녀의 몸으로 시집가는 나를 위해 작은 결혼식을 올렸다.

수배자라는 그의 신분 때문에 남들처럼 화려한 결혼식을 올릴 순 없었지만 내 일생의 아름다운 기억을 가슴에 담은 결혼식이었다. 일곱 살 아홉 살이 된 두 아이를 내 자식으로 받았다. 나에게 "엄마"를 부르며 울며 안겼다. 나도 통곡으로 두 아들을 안았다. 이렇게 작은 월세방에서 마음이 힘들어 하는 엄마와 두 아들. 그리고 남편과 함께 새로운 신혼살림을 출발했다.

하나님이 주신 선물 두 아들

나는 학원생들의 집집을 가정방문하며 학부모님들과 터놓고 얘기를 나누었다. 학원생들이 늘어나는 것이 눈에 보였다. 선생님 한 명이 더 왔지만 부족할 지경이었다. 일 년이 되었을 즈음, 속셈학원에는 학원생들이 180여 명으로 늘어났다. 정원이 90명인 작은 공간에 2부제 수업을 실시할 만큼 애들이 많았다.

속셈학원을 연지 1년 만에, 두 번째 피아노 학원을 준비하고 있었다. 매일 무릎 꿇는 새벽기도에서 피아노 학원을 위하여 기도하기 시작했다. 하나님이 주시는 감동을 붙잡고 오직 하나님께 길을 물었다. 어느 날, 피아노 학원 건물을 임대하였다. 피아노가 일곱 대 이상이어야 했다. 건물을 피아노 학원에 맞도록 리모델링하여 피아노 아홉 대를 들여 놓았고 이론 공부실도 별도로 만들었다.

피아노 전공 교사를 처음부터 2명을 뽑았다. 속셈학원을 다니면서 피아노를 같이 배우겠다는 아이들이 첫날에 사십 명이 등록했다.

속셈과 피아노학원에 삼백 명의 아이들이 되었다. 처음 학원 문을 열도록 돈을 빌려준 사장에게 절반의 빚을 갚을 수 있었다.

"정말 놀랍습니다. 이렇게 빨리 번창할 수가 있나요."

나는 속으로 '하나님이 하시면 가능하지요.'라고 했다.

저녁에 퇴근하고 집에 가면 사람 사는 것 같았다. 두 아들은 나와 함께 학원으로 나와서 공부를 배우고 집으로 들어갔다. 내가 퇴근을 하여 집으로 가면 두 아들은 벌써 숙제를 다 했다고 공책을 들고 나를 따라 다닌다. 나는 두 아들을 안고 얼굴을 부비고 안아주었다.

"우리 아들. 숙제검사를 엄마가 해 볼까?"

"엄마. 내꺼 먼저 해줘."

"야~ 글씨도 잘 썼네. 우와… 백점이다."

아이들이 "와!"하며 좋아서 소리를 질렀다. 남편은 나와 아들들이 노는 모습만 보고 있어도 행복한 얼굴이었다. 남편에게 말 한번 걸어볼 틈을 아이들이 주질 않았다. 엄마는 그런 나를 슬픈 표정으로 바라만 보았다. 작은 방 위에 작은 다락방이 사람 하나 누우면 딱 맞을 공간이 있었다. 남편과 나는 그 낮고 좁은 공간을 기어 올라가서 누웠다. 불도 없는 좁은 다락에서 우리 부부의 결혼생활을 출발했다. 그도 나도 함께 살 수 있음에 날마다 감사의 기도를 드렸다. 나는 새벽 기도를 하루도 빠질 수 없다. 컴컴한 다락에서 나무 계단 몇 개를 밟고 내려오면 삐걱삐걱 소리가 났다.

두 아들과 나란히 누워 잠든 엄마를 보며 문을 살며시 열고 밖으로 나와 교회를 향해 달려가는 발걸음은 언제나 감격이다. 내 가슴엔 길을 걸어가도 기도가 저절로 나왔다.

남편은 정상적인 생활을 하지 못한다. 항상 움츠리고 집에만 있었다. 경찰이 항상 자신을 추격하고 있다고 생각했다. 남편은 앞으로 십 년은 숨어서 살아야 한다고 말했다. 특히 내가 하고 있는 학원은 모든 사람들 앞에 공개된 장소여서 남편이 조심하였다.

어느 날, 함께 지낸 두 아들이 시골로 내려가야 할 때가 다가왔다. 작은아들 성우는 이제 초등학교에 입학을 한다. 시골로 내려가기 일주일 전부터 준비를 했다. 애들 이발을 시키고 따뜻한 옷을 사 입혔다.

"시골가면 꼭 교회를 다녀야 한다."

"응. 알았어 엄마."

"동생은 형 말 잘 듣고…"

작은 아이 성우는 계속 울고 있었다.

"엄마랑 살면 안 돼? 난 엄마랑 살 거야."

두 아들을 양쪽 팔베개로 꼭 안고 성경동화를 들려주며 잠을 재웠다. 성우는 엄마 품에 안겨 울다가 잠이 들었다. 큰 아이 성렬이는 속으로 울었다. 맏이답게 무던하고 속이 깊었다. 유난히 얼굴이 하얗고 잘생긴 성렬이는 울먹이며 말을 잘 못하였다.

"어… 엄마! 시골 안 가면 안 돼? 엄마랑 있고 싶어."

눈물이 앞을 가려 말을 겨우 하면서 내게 안겼다. 울고 있는 두 아이를 무너지는 내 가슴에 꼭 안았다.

"하나님 아버지! 이렇게 울며 매달리는 아이를 어찌 보내야 합니까. 하나님… 도와주소서."

밤마다 두 아이는 내 품에서 떨어지질 않았다. 내일이면 애들이 시골로 내려가는 날이다. 내 품에서 떨어지지 않는 두 아들을 안고 기도 무릎을 꿇었다. 그리고 하나님께 서원기도를 드렸다.

"하나님 아버지 앞에 고백합니다. 이 두 아들은 하나님이 제게 주신 내 생명보다 귀한 아들입니다. 이 아이의 눈에 흐르는 눈물을 주님의 사랑으로 닦아 줄 수 있는 엄마가 되기를 소원합니다. 내 몸으로 낳은 자식도 하나님이 주신 자식이듯이. 이 두 아이도 하나님이 제게 주신 아들입니다. 제 몸으로 자식을 낳지 않고 이 아이들에게 내 모든 사랑을 다 주고 싶습니다. 저에게 우리 두 아들을 주신 것을 진실로 감사드립니다. 우리 두 아들은 영원히 하나님이 저에게 주신 내 생명보다 소중한 아들이니 오직 이 아이만을 사랑하며 키우겠습니다."

두 아들을 안고 하나님께 눈물의 서원기도를 드리는 내게 남편이 다가와 나를 안고 통곡하였다.

"당신이 어떻게 그런 기도를 하나님께 드릴 수가 있어. 어떻게…"

남편은 참으려고 해도 억누를 수 없는 눈물을 쏟아냈다.

"당신은 사람이 아니야. 천사야… 사람이 어찌 그런 마음을 가질 수 있겠어. 여보 정말 고마워. 흑흑…"

"성렬이와 성우는 하나님이 저에게 주신 최고의 축복의 선물이에요. 저는 이 아이만 있으면 돼요. 제가 자식을 낳게 되면 내 마음의 사랑이 나누어질 수 있잖아요. 저는 우리 성렬이와 성우의 마음에 슬픔을 주기 싫어요. 오직 이 아이들만 사랑하며 키울 거예요."

두 아들의 얼굴과 내 얼굴을 맞댔다.

"아들아 사랑해. 내일이면 헤어져도 몇 달만 기다리면 또 만날 거니까 울지 마. 지금은 힘들어도 잘 참아야 돼. 그러면 앞으로는 영원히 함께 살 수 있어."

이튿날 남편은 청량리역으로 나가지 않고 집에서 애들을 보냈다. 할머니에게 큰 절을 했다.

"할머니. 시골 가서 공부 잘 하고 오겠습니다."

"오냐. 할머니 말씀 잘 듣고 공부도 잘 하고 오너라."

엄마는 당신 속을 꾹꾹 누르며 아이들을 받아주었다. 남편은 애들을 힘껏 안으며 오열을 했다. 남편의 마음속에는 애들이 짐이기도 한 불쌍한 자식이었다. 자기 엄마가 가버린 것도 새 엄마와 떨어져 살아야 하는 것도 모든 것이 남편의 잘못으로 인해 아이들이 상처를 안고 살아야 했기 때문이다. 남편은 "미안하다 아들아. 이 애비를 용서해다오. 전부 내가 잘못했다. 이 아빠의 잘못으로 너희들을 이렇게 만들었다. 이 아빠를 용서해다오. 미안하다 아들아… 아들아…"하며 오열했다.

청량리역에서 기차를 탔다. 기차 안에 올라가 짐을 놓고 차 안에서 먹을 김밥도시락을 무릎 위에 놓았다. 둘을 자리에 앉히고 꼭 안아주며 뽀뽀도 해 주었다. 눈물이 글썽이는 두 아이만 남기고 나는 기차에서 내렸다. 창 밖에서 두 손을 흔들며 애들과 눈빛을 마주했다. 기차가 '부웅'경적 소리를 내며 서서히 움직였다. 나는 더 가까이 다가가서 손을 흔들었다. 기차가 움직일 때 창 쪽에 앉은 작은 아이 성우가 유리창에 두 손을 대고 "엄마!!"를 부르며 울었다.

눈물의 기차는 소리를 내며 사라져갔다. 아이들이 울며 떠난 그 자리에서 땅바닥에 주저앉아 "으아악…" 목젖이 터지도록 통곡을 쏟아냈다. 아이들의 모습이 눈앞을 가려 일어설 수 없었다. 주저앉은 내 마음에 깊이 고인 절망의 그림자를 보았다. 저 아이들이 내 가슴에 눈물샘이 될 줄은 상상해 본 적이 없었다.

인생에서 "만약"은 없다

갈대밭을 건너온 바람이 내 가슴을 스쳤다. 무너진 마음에 동아줄을 동이며 한 걸음씩 걸음을 옮겼다. 인생의 기슭에서 스치는 인연이 아닌 영원한 인연으로 남편과 아이와 나는 한 밧줄에 묶였다.

인생에서 '만약'은 없다. 내가 선택해 가는 이 길은 나의 인생이다. 내가 가지 못한 길에 대하여 '만약 내가 다른 길을 선택했더라면..'은 무의미하다. 이 길을 가는 것이 최선의 길이고 하나님이 열어주신 최고의 길이다. 내게 다가온 운명을 사랑하고 받아들여야 한다. 내 속에서 '만약'이 살아난다면 내 삶은 기진맥진하여 결국 멈추게 될 것이다. 시간에 밀려 떠내려가는 인생을 살지 말자. 내 인생은 항상 절망의 바닥 앞에서 살아왔다. 내 인생 운명의 절벽 앞에 서면 사랑하지 못할 사람이 없다. 그 막다른 길에서 하나님은 내 인생을 이끌어 주셨다.

　남의 자식에게 시퍼런 내 인생을 바치고 눈물 흘리고 있는 나를 본 엄마의 심정은 어떠할까. 슬픔이 목젖까지 차오르면 그 눈물을 다 쏟은 후 바닥을 짚고 일어설 수 있는 힘이 생긴다. 하나님이 주신 온전한 푯대를 향하여 가지 않으면 삶은 방향을 잃고 헛돈다. 그러나 인간이 최선을 다한다고 반드시 성공하는 것은 아니다. 실패가 쌓여서 인생의 깊이를 더하는 순도 높은 내면을 갖는다.

　집으로 돌아와 슬퍼할 엄마의 눈을 볼 자신이 없었다. 나는 이 길을 가는 것을 후회하지도 두렵지도 않다고 내 자신에게 말했다. 나의 선택이 아닌 분명 하나님의 선택에 순종했음을 알고 있다. 그날 밤, 남편의 어깨가 들썩이는 뒷모습을 말없이 바라보았다. 그 눈물 속에는 지나온 삶 속의 허무의 날이 퍼렇게 서 있음을 보았을 것이다. 죽음의 충동보다 삶이 가벼웠을까. 수많은 날 인생의 절벽 앞에 서서 두 눈을 감고 뛰어내렸다면 모든 것이 끝난 것일까. 인간은 죽음의 절망 속에서 뒤죽박죽 된 욕망도, 감정도 언젠가 잠들 듯 겉치장과 껍데기를 걷어내고 진실의 옷을 입는다. 인생에서 찬란한 영광도 불행한 절망도 생의 한 단면으로 휙 스쳐지나가는 것이다.

　인생이란 무엇일까. 삶에 열중하는 가련한 인생아. 너는 칼 위에서 춤추는 자로다. 인생은 마지막까지 진리를 깨닫지 못하고 헛돌다 가는 존재다. 잡을 수 없다는 것을 알면서 끌려가듯이 지는 해를 따라가는 인생아. 그래도 삶은 언제나 희망의 문 앞을 기웃거린다.

아이들을 떠나보내고 돌아와 나는 새롭게 컴퓨터 학원 준비를 했다. 서울 용산전자상가 여러 곳곳을 둘러보며 상담을 하였다. 그리고 건물을 물색하여 주인을 찾아갔다. 보증금과 월세로 임대차 계약서를 썼다. 컴퓨터 학원에 합당한 리모델링한 후 조립컴퓨터 수십 대를 구입했다. 전기공사를 별도로 하며 컴퓨터의 시설을 갖추는데 꽤 많은 돈이 들어갔다. 1992년도 초였다.

이때는 우리나라에 처음 컴퓨터 시대가 열릴 무렵이었다. 기도하는 중 하나님이 주신 마음이었기에 확신을 가지고 준비에 들어갔다. 몇 달의 준비는 예상보다 빨랐다. 컴퓨터 학원 개원을 앞두고 전단지, 프랜카드 등 홍보에 열을 올렸다. 당시 가까운 초등학교에서는 일주일에 한 번 시범적으로 컴퓨터 반을 운영하였다. 학부모님들은 자기의 자녀를 서로 컴퓨터 반으로 뽑아 달라고 요청을 하였다. 정작 컴퓨터를 가르칠 선생님은 우리 학원에 와서 배워서 아이들을 가르쳤다. 컴퓨터의 붐이 일어나고 있었다. 수많은 중소기업에서도 주산, 부기를 넘어 직장인들이 컴퓨터 학원을 등록하여 퇴근 후에 다녔다. 젊은 청년과 대학생들이 자격증반으로 몰렸다. 워낙 건물과 컴퓨터 구입 등 시설비가 많이 들어간 학원이었다.

오직 하나님께 맡기며 간절히 기도했다. 컴퓨터 학원은 초등학생보다는 일반인과 청년들이 많이 왔다. 컴퓨터 교사를 셋이나 두고 원장인 나는 아주 기초인 아래한글, 문서작성 정도로 배우기 시작했다.

학원에 온 정신을 팔고 있던 어느 날, 집에서 남편이 사라졌다. 엄마의 말에 의하면 자신을 향해 항상 밝지 않은 엄마의 얼굴 표정을 못마땅하게 여겼다고 한다. 새벽마다 교회를 가는 나에게 꼭 이렇게 잠을 자다말고 교회를 가야 되느냐고 짜증을 낸 적이 있었다. 왜 이렇게 유별나게 예수를 믿느냐고 했다.

나는 아무 대답도 하질 않았다. 집에 예배 상을 펴고 밤마다 성경을 쓰고 기도를 할 때면 뜬금없이 소리를 지르고는 밖으로 나가기도 했다.

"도대체 당신에게 나는 어떤 존재야!"

그 사람의 마음속에선 내가 학원에서 온종일을 보내고 집에 오면 혼자서 공부하고 성경 쓰고, 새벽마다 교회를 갔다 아침이면 출근하고, 자신은 온종일 나를 기다리다 엄마와 부딪치고 눈치가 보여 스스로의 자격지심이 열등감으로 발전했던 것 같았다.

며칠 전, 남편이 나에게 "자꾸 학원만 키우지 말고 집도 이사를 하는 게 어때?"라고 말했다.

"네 좋지요. 생각하고 있어요."

"방 하나에 어머니 눈치가 보여 숨 막힐 것 같아. 당신은 저 다

락방이 좋아? 또 애들이 오면 어떻게 되겠어."

남편의 언성이 높아졌다. 점점 강해지고 신경질적인 남편의 모습에 깜짝 놀랐다.

"네. 알고 있어요. 그렇잖아도 가까운데 빌라가 나면 이사할까 해요."

남편의 얼굴은 온갖 불만으로 가득 차 내면이 틈만 나면 밖으로 머리를 내밀었다. 그때 눈치를 챘어야 했다. 내가 너무 믿고만 있었던 것이다.

남편이 사라져버린 방에서 넋을 잃고 주저앉았다. 엄마가 저녁상을 내 앞에 놓았다. 나는 엄마에게 눈길이 가질 않았다. 내 마음은 온통 남편에게 있었다. '혼자서 얼마나 마음이 힘들었을까. 엄마가 말을 해서만이 아니라 내가 없는 동안 엄마의 무겁고 슬픈 표정이 얼마나 부담을 주었을까!' 생각하니 화가 났다. 두 아이도 남편도 고운 눈으로 보지 않는 엄마의 마음의 근원을 알고 있기에 예상했던 불행이 어느새 문지방을 넘어온 것이다.

남편의 마음이 밖을 향하여 눈을 떴다. 일주일에 한 번 나를 따라 교회에 가는 것조차 힘들어 했다. 쓰러지는 엄마 앞에서 자기가 "목회자가 되면 저를 받아 주실 겁니까?"라며 오열했던 사람이 집을 나가버렸다.

내 인생에 큰 기둥이 쿵 소리를 내며 무너져 내렸다. 내 속에서 비명이 터져나올 것만 같았다.

"어서 밥 먹어라. 니 좋아하는 고구마줄거리 무쳤다."
엄마가 밥상을 내 앞으로 디밀었다.
'엄마. 남편이 집을 나갔는데 내가 밥이 넘어가겠어!'라는 말이 목구멍을 치고 올라오는데 꿀꺽 삼켜 버렸다. 나는 숨이 탁 막혔다. 내 눈은 어디에 초점을 둬야 할지 방향을 잃어버렸다.
"지가 불만이 있다고 이렇게 집을 나가? 빈털터리에 애새끼 둘 달고 거지꼴로 들어와서 누구 덕에 먹고 사는데… 지 꼬라지를 알아야지. 니가 무슨 잘못을 했다고 지가 불만을 품고 집을 나가 나가기는. 생때같은 내 딸. 누구 때문에 남의 새끼 거두며 사는데. 지가 무슨 염치로 불만이니 뭐니 하는 기고. 보자보자 하니 속에서 열이 올라와 못 살겠다."
카랑카랑하게 소리를 지른 엄마가 꾹꾹 눌렀던 울음을 토해냈다.
"이게 무슨 짓이고. 니가 왜 이렇게 살라카노. 그놈이 가거들랑 찾지 마라. 싹수가 노란 인간이다. 아까운 내 딸이 이래 사는 거 더 이상은 못 보겠다."
엄마가 내 마음에 불을 지른다. 지금 내 심정은 엄마의 눈물을 받아줄 기분도 위로해주고 싶은 마음도 없었다. 내 마음은 남편에게 다 빼앗겨 버려 엄마의 슬픔을 헤아려 줄 여력이 남아있질 않았다.
내 감정은 객관적일 수가 없었다. 엄마의 통곡 앞에서 아무 말을 하지 않는 것이 엄마를 위한 나의 최선의 방법이었다. 방문을 확 열고 밖을 나왔다. 내가 달려갈 길은 하나뿐이다. 남편과 결혼한 후 저녁에 교회로 달려가는 것이 처음이었다. 내 인생의 절벽 앞에 서면 달려왔던 곳. 내 아버지 집 성전 바닥에 엎드렸다. 엄마 앞에서 꾹꾹 누른 감정이 하나님 앞에서 폭발하듯 터져 나왔다.

part
5

절망과 죽음의
터널을 빠져나오다

슬픈 눈의 사슴이 되다

나는 얼마나 많은 눈물을 흘려야 내 삶을, 운명을 받아들일 수 있을까. 원래부터 예정된 길이었는데 내가 애써 외면했던 길. 희망이란 이름으로 행복의 이름으로 포장하고 싶었던 그 길의 실체가 드러난 것이 두려웠다. 남편의 인생의 절박함이 해결되고 나니 자신 속에 숨겨둔 본성이 드러난 것이다. 그 밤을 교회에서 새웠다. 이 딸을 기다리다 교회까지 달려와 딸의 통곡을 몰래보고 눈물로 돌아간 나의 엄마. 이렇게 우리 모녀는 희망의 파랑새를 꿈꾸다 슬픈 사슴이 되었다.

이 딸의 슬픔은 내 엄마의 슬픔이다. 엄마와 나의 인생은 한데 묶인 운명이었다. 내 슬픈 인생 뒤에는 언제나 엄마의 눈물이 있었다. 그것이 싫어서 나는 더욱 울었다. 엄마의 인생과 내가 분리될 수 없음이 가장 큰 슬픔이었다. 엄마는 당신의 인생만 슬퍼하면 되는데, 내 슬픔마저 당신의 슬픔으로 안았다. 엄마를 슬프지 않게 해드리기 위해 나는 이제부터 내 마음과는 다르게 엄마 앞에서 살아야 한다. 딸의 눈에 눈물 흐르지 않게 하시려는 엄마의 사랑으로 엄마도 엄마의 슬픔을 내 앞에서 내색하지 않으셨다.

내 슬픔보다 엄마의 사랑이 더 큰 것을 나중에 알았다.

　푸석푸석한 얼굴로 출근을 했다. 하룻밤을 못자니 체력이 떨어졌다. 무엇보다 남편이 집을 나가서 연락이 없는 상태라 마음의 갈피를 잡을 수 없었다. 연락할 길이 없었다. 이 사람이 어디를 갔는지 전혀 짐작할 수가 없었다. '아! 이럴 수가. 혼자서 얼마나 마음이 힘들었으면 이렇게까지 했을까. 내게 왜 아무 말도 하지 않았을까!' 학원 일에 내 마음을 더욱 쏟기로 마음을 다졌다.

　새로 문을 연 컴퓨터 학원에 문의전화가 많았다. 그 건물은 다른 학원보다 큰 평수를 얻어서 사무실이 넓었다. 요즘은 속셈과 피아노 학원을 한 바퀴 돌고나면 거의 컴퓨터 학원에 있었다. 학생들보다 청, 장년이 많다 보니 이들은 아이들처럼 1년 2년 꾸준히 다니지 않는 단점이 있었다. 학원비가 비싼 반면 짧았다. 길면 육 개월 정도면 자격증을 땄다. 그러니 초등학생들에게 더욱 홍보해서 일찍부터 컴퓨터를 배우도록 하는 데 마음을 쏟았다.
　퇴근을 하고 집에 들어간다는 것이 두려웠다. 엄마와 나는 서로의 아픔을 너무도 잘 알고 있기에 마주하는 것이 겁이 났다. 엄마는 이참에 남편과 갈라서라고 나올 것만 같았다. 일체 아무 말도 하지 않기로 마음먹었다. 남편을 찾으러 나선다는 것은 불가능이다. 그 시간에 하나님 앞에 엎드려 기도하는 것이 옳은 길임을 알고 있기에 무모하게 남편을 찾아 나서질 않았다.

힘없이 퇴근하는 나를 본 엄마가 밥상을 턱 밑으로 디밀었다. 나는 꿀맛처럼 밥을 한 그릇 다 비웠다. 엄마를 힘들게 하지 않는 길을 택한 것이다. 내 감정상태가 정상이고 초연한 것처럼 행동했다. 편한 옷으로 갈아입고 성경책을 들고 얼른 집을 나왔다. 교회로 가는 내 마음은 이 땅 위에 수많은 갈래의 길이 있지만 나에게는 오직 한 길 뿐이라는 것을 가슴에 새겼다. 내 마음이 안달이 난다고 달라질 것이 없다. 기도하는 길만이 내가 살고 남편이 사는 길이다. 하나님은 나의 걸음과 내 마음의 소원을 다 아신다.

성전 바닥에 엎드려 하나님께 기도를 드렸다. 눈을 감고 엎드리면 내 인생의 하늘이 와르르 무너져 내리듯 절망감속에 남편의 얼굴이 떠올랐다.

"하나님. 그 불쌍한 영혼을 위해 기도합니다. 그가 주님의 품으로 돌아올 수 있기를 간절히 소망합니다. 그 영혼을 붙잡아 주소서. 그 인생의 무거운 멍에를 다 벗겨주셔서 그가 오직 하나님을 위해 살 수 있도록 새로운 인생 길을 열어주소서. 그의 내면에 가득 찬 죄의 찌꺼기를 다 토해내고 새 사람이 되게 해 주소서. 행여 어두운 과거로 돌아가지 않도록 하나님 아버지께서 그 길을 막아주소서."

밤새도록 오직 남편 영혼을 위한 통곡의 기도를 드렸다. 이틀 밤을 새우며 남편을 위해 성전 기도를 드릴 때 하나님이 남편을 너무도 사랑하신다는 확신을 주셨다. 남편 속에 수십 년 쌓아온 죄의 찌꺼기를 다 토해내어 영혼을 깨끗하게 하사 그 후 그를 사용하시기를 원하심이었다.

"하나님 아버지 감사합니다. 감사합니다." 새벽녘이 되니 감사와 찬양의 기도가 밀물처럼 다가왔다. 아! 하나님의 은혜로다. 이 놀라우신 사랑! 하나님의 사랑 앞에 목 메인 눈물을 흘렸다.

아침이면 출근에 바빴다. 마음은 불안과 염려가 다 사라지고 평안과 감사로 가득 채워졌다. 여전히 남편은 소식이 없고 삼일째 잠을 못자고 교회에서 철야 기도를 하고 학원을 나왔다.

'너희는 마음에 근심하지 말라 하나님을 믿으니 또 나를 믿으라' 요한복음 14장 1절 하는 말씀을 가슴에 새겼다. 이 말씀이 내게 그대로 이루어져 있었다. 집에 가면 내 편안해진 얼굴을 확인하고서야 엄마는 안도의 한숨을 내쉬었다.

"혹시 신 서방에게서 전화가 왔든?"

엄마가 내 마음의 안정감이 얼굴에 보였는지 내 눈치를 힐끔 보며 물었다.

"아니. 아무 연락도 없어."

내심 엄마가 놀란 얼굴이다. '이제 남편을 마음에서 내려놓았나 보다'라고 생각한 것 같았다. 그 날 저녁도 교회에 가서 기도를 드렸다. 내가 살 길을 발견한 것이다. 상황이 달라진 것이 아니다. 내 자신이 바뀐 것이다. 나는 매일 눈물의 기도와 함께 시골에 있는 아이들에게 전화를 걸었다.

"엄마. 나 성우예요."

작은 아이가 엄마 전화를 기다리다가 자기가 받는다며 수화기를 들었다.

"아들. 잘 있었지?"

"엄마…"

하는 순간에 수화기를 빼앗겼다.

"엄마. 저 성렬이예요."

"그래. 듬직한 큰 아들이 있어서 엄마는 아무 걱정도 안 한다."

두 아들이 울었다.

"엄마한테 언제 갈 수 있어요?"

하더니 목소리가 잦아 들었다. 옆에서 성우의 우는 목소리가 들려왔다.

"응. 조금만 참으면 이제 곧 엄마에게 올 거야. 조금만 참으면 돼. 착하지 우리 아들."

내 목이 잠겼다. 매월 초면 아이들과 어머님 생활비를 보냈다. 처음부터 모든 생활비는 내가 보내겠다고 약속하고 아이들을 받아주셨다.

절망이 다가오는 소리

가까운 곳에 빌라가 났다는 연락을 받고 가서 집을 둘러보았다. 방 두 칸과 거실 겸 문을 열었다 닫았다 하는 방과 거실에 붙은 씽크대. 화장실 하나. 20평정도 되는 오래된 빌라를 얻었다. 새로 도배를 하고 이사를 옮기려는데 가져갈 만한 짐이 없었다. 난생 처음 식탁을 사고 살림을 몇 개 장만을 했다. 중고품 가게를 찾아가서 최소한으로 필요한 품목들을 샀다.

애들 방에 책상도 처음 샀다. 옆에 공부상도 작은 아이를 위해 장만했다. 작은 월세 집에 쓰던 것은 다 버려야 할 것들인데 엄마는 이불이며 숟가락까지 다 가져왔다. 안방에 내 기도 방석과 예배 상도 그대로 가지고 왔다. 엄마와 나는 둘 다 똑같다. 어느 것 하나도 못 버리고 다 끌고 온 것이다. 중고제품들은 직접 새 집으로 배달해 주었기에 별 어려움이 없었다. 꿈에도 그리던 빌라로 이사를 왔다. 우리 식구가 다 같이 살 집으로…

아이들이 올라와 새 집으로 왔다. "우와!" 성렬이와 성우가 자기 방을 보고 탄성을 지르며 내게 달려와 매달렸다.

"엄마. 너무 좋아요. 엄마."

나는 애들을 가슴에 꼭 안고 하나님께 기도를 드렸다. 꽉 막혀 있던 내 마음에 숨구멍이 뚫린 것 같다. 엄마는 많이 커서 온 애들을 보고 좋아하셨다.

그날 밤 애들은 내 품에서 떨어지질 않았다. 나의 양쪽 팔에 두 아들이 팔베개하며 누웠다. 나는 가슴이 울컥했다. 이 두 아들이 없었다면 내 마음이 얼마나 허전했을까.

남편으로 인해 절망하고 있는 내게 하나님이 주신 선물임을 알았다. 엄마가 안방 문을 열었다. 두 아들이 양쪽 날개처럼 내게 붙어서 나랑 종알종알 얘기를 나누다가 이불 속으로 쏙 들어가 버렸다. 엄마는 빙긋 웃으며 방문을 닫았다. 밤마다 교회로 달려가던 나의 기도 무릎이 중단 되었다. 밤새 잠을 안 잘 것처럼 장난치며 놀던 아이들이 골아 떨어졌다.

한 아이씩 베개를 베어 주었다. 하는 수 없이 지금도 세상을 떠돌고 있을 남편을 위해 안방 예배 상에 엎드려 기도했다.

"아버지. 저를 불쌍히 여겨 주소서. 흑흑…"

애들이 내 품에 안겨 잠이 들어도 남편의 자리는 비어 있었다. 하나님 앞에 선 내 인생은 철저히 혼자이다. 하나님은 나를 고립 속으로, 고독 속으로 몰아넣었다. 숨이 막힐 것처럼 힘들지만 누구에게도 내 마음을 말할 수가 없다. 내가 힘들다는 것을 알면 엄마의 마음은 더 무너진다. 애들은 절망의 나락으로 떨어진다.

나는 그들에게 유일한 희망이다. 애들이 아빠를 묻지 않았다. 나도 말하지 않았다. 애들이 잠든 위쪽에 작은 예배 상 앞에서 고꾸라지듯 엎드려서 우는 나의 기도는 새벽을 향해 가고 있었다. 너무도 고요한 침묵의 시간 속 나의 울음소리가 엄마의 방에 들릴까봐 수건으로 입을 막고 눈물의 기도를 드렸다. 심장이 녹아내린다는 것이 무엇인지를 처음 느꼈다. 남편에 대한 궁금증이 더해간다면 나는 미쳐버릴 만큼 힘들어진다. 하나님이 내게 주신 참 평안은 놀랍고도 놀랍다.

밤새 나를 짓누르는 악의 세력과 대적하듯 강력한 기도를 하였다. 마치 대낮에도 칠흑 같은 어둠처럼 절망이 지붕 아래로 내려앉은 하루하루의 삶 속에서 오직 예수님을 내 생명의 기둥삼아 붙잡고 매달렸다. 돌아보면 내 인생은 항상 막다른길 하나만 열려있다. 이 길이 아니면 다른 길이 전혀 없는 그 길. 인간의 길은 다 막히고 하나님의 길만 열어 주시니 그 길을 가지 아니할 수가 없다. 아이들이 올라오고 며칠이 지났다. 저녁에 학원을 마치고 집으로 향했다. 어둠이 동무되어 집까지 바래다주었다. 현관문을 열면서 아이들을 불렀다. 동시에 마주친 사람은 남편이었다.

"다… 당신… 언제 왔어요?"

얼굴이 짙은 단풍 색이었다.

"아… 능력 있는 우리 마누라께서 이렇게 큰 집으로 이사를 했구려. 하. 하. 하…"

술이 도를 넘은 것 같았다.

"이런 쓸모없는 남편은 없어도 아무 상관이 없이 이렇게 좋은 집에 이사해 잘도 사니… 내가 기분이 매우 좋다. 허허…"

웃음인지 비웃음인지 구분할 수 없었다. 남편의 얼굴만 보아도 감격하여 눈물이 났다. 그가 어떤 술 취한 말을 하던지 한 마디도 내 마음에 와 닿지 않았다. 그저 남편이 집을 찾아 온 것만으로 좋아서 내 마음이 흥분되었다. '하나님. 감사합니다. 남편이 이렇게 건강하게 살아 돌아온 것만으로 너무도 감사합니다.'라는 기도가 절로 나왔다.

남편은 나를 따라 안방으로 들어왔다. 애들도 아빠가 반가웠던 모양이다.

"아빠! 어디 갔다가 인제 왔어요?"

작은 아이 성우가 말했다. 남편은 아이의 머리를 쓰다듬었다.

"응… 아빠는 요즘 일이 바빠서 집에 잘 못 와."

"아빠. 무슨 일하는데?"

성우는 진지한 표정으로 물었다. 남편의 얼굴엔 확 일그러짐이 일어났다.

"야! 너희들. 빨리 니네 방으로 가라. 가. 아빠 엄마랑 얘기할 게 있어."

시뻘건 얼굴로 고조된 아빠의 목소리에 애들은 기겁을 하고 방을 나갔다. 남편과 마주한지가 얼마만인가? 그동안 내 속에서 말이 되어 나오지 못하고 속에서 곰삭아 버린 생각들이 얼마나 많았던가. 정작 남편을 마주하고 보니 내 머릿속이 하얗게 백지가 되어버렸다.

'왜 나에게 말 한마디 없이 집을 나갔느냐. 지금까지 어디서 무엇을 했느냐. 끊었던 술까지 다시 먹으며 내가 제일 싫어하는 술 취한 얼굴로 집엘 들어왔느냐. 새 사람이 되어 다시 태어난 인생을 살겠다고 눈물로 맹세한지 얼마나 지났다고 내게 이런 꼴을 보이느냐.' 하는 말을 한 마디도 내뱉지 못 하고 생각들로만 마음에 담았다.

애들까지 쫓아낸 남편이 방 한가운데 우두커니 서서 내가 옷을 갈아입는 모습을 보고만 있었다.

'당신이 어떻게 내게 이런 모습을 보일 수 있나요.' 탄식하며 그의 가슴을 치며 울고 싶은 마음도 나의 진실이었다.

남편 심장을 훔친 마귀

나는 아무 것도 표현하지 않은 채 그이 앞에 섰다. 굳게 다문 나의 입에 실망을 한 것인지 남편이 깊은 한숨을 내쉬었다. 누가 먼저 말할 것인가.

"당신…"

내가 먼저 남편의 손을 잡으며 말을 하려는데, 내 속에 가득 고인 눈물이 갑자기 울컥 쏟아져 내렸다.

"그래. 당신이 보니 내 같은 놈 한심하지. 술을 얼마만큼 먹었는지 내 얼굴 혈색 좀 봐바. 나 이런 인간이야. 너무 빨리 내 본색을 드러냈나? 나는 내가 생각해도 여기까지가 나의 한계야. 나 같은 인간을 변화시킬 수 있다고? 그런 교과서 같은 말은 내게 안 맞아. 내가 정말 정신 차리고 당신이란 여자를 만나 새 인생을 살아보려고 노력해 봤는데, 진짜 불가능한 일이야. 첫 번째는 내가 기소중지자, 수배자라는 족쇄 때문이고 두 번째는 나란 인간이 본래 죄악구덩이에서 쓰레기 같이 살았다는 거야. 겉만 새 옷을 갈아입힌다고 인간 내면이 썩었는데 어찌 새 인생으로 살 수 있겠어. 당신에게는 정말 미안한데 나 더 이상 믿지 마. 이 말하려고 집을 찾아왔어."

술 냄새가 입을 열 때마다 풀풀 밀려왔다. 남편은 굳은 결심을 한 듯 단호하고 분명하게 말을 했다. 남편의 말을 듣는 내내 내 눈에서는 더욱 굵은 소낙비 같은 눈물이 볼을 타고 흘러내려와 턱 밑에서 뚝뚝 떨어졌다. 남편은 변했다. 나에게 결혼해 달라고 울며 매달리던 그 사람이 아닌 전혀 다른 사람으로 내 앞에 섰다. 남편의 오른손이 내 왼쪽 어깨 위를 퍽 짚었다.

"야! 박순애! 너 나에게 하고 싶은 말 많지? 말 안 해도 다 안다. 내가 많이 생각해 봤는데 니가 원하는 남편이 되기엔 내가 살아온 삶과는 도저히 맞지 않아. 나는 너 같은 여자와 새 출발을 하면 내 인생도 바뀔 줄 알았어. 그런데 살아보니 아니라는 것을 뼈저리게 느꼈어."

나는 남편이 선택하고 버리는 존재였다. 이 참담하고 비통함이 내 눈앞에서 나를 삼켜버려도 벙어리가 된 나는 눈물로 유일한 대답을 하고 있었다.

"저 불쌍한 애들… 당신 힘들면 시골에 내려보내버려. 피 한 방울 안 섞인 당신이 거기에 목숨 걸일 없어. 내 말 명심해. 나는 이제 네 남편으로 살지 않을 거야. 아무것도 규제받지 않는 자유로운 인간으로 살 거야. 어차피 나란 인간은 몸도 마음도 다 썩었으니 기대하지 말고 니가 살고 싶은 길을 가. 이 말은 내 인간적인 고백이고 너를 위해서 하는 말이다. 알았지. 박순애."

나의 오른손으로 남편의 왼뺨을 향해 이빨을 깨물듯 한방 날리고 싶었으나 남편의 눈만 뚫어지게 쏘아붙였다. 눈물이 멈췄다. 그리고 분노의 감정이 솟구쳤다.

내게 말 한마디 없이 사라진 후 다시 나타나서는 새까맣게 타들어간 내 심장은 간곳없이 무책임한 공해 같은 쓰레기 말만 지껄이는 이 남자를 도대체 어떻게 보아야 하는가.

"아! 으악!! 악!"

비명이 안방 문턱을 넘어서는 안 되는 절규로 나는 무너지고 말았다. 두 다리에 힘이 쭉 빠져 방바닥에 퍽 주저앉았다. 남편은 꼿꼿이 서서 아직도 못한 말이 있는지 허공에 대고 말을 했다.

"내가 지금 당신에게 부탁이 있다. 안 들어 준다면 어쩔 수 없지만 들어줄 거라 생각하고 말한다. 지금 니한테 돈이 얼마 정도 있나. 지금 내가 급한 돈 몇백만 원쯤이 필요하다."

"뭐라고요? 몇백만 원을 달라고요?"

하마터면 이 말이 터져 나올 뻔했다. 어느 새 온몸을 벌벌 떨며 안으로 밀어 넣은 감정들이 터져 나와 온몸으로 표출되었다.

내 인생은 쇠망치로 뒤통수를 세게 맞고 정신을 잃은 상태가 되었다. 나는 눈 초점이 흐려지면서 방바닥에 실신하듯이 쓰러졌다. 내 쓰러진 모습을 보자 남편은 방안 서랍마다 다 열어젖혔다. 조금 전 들고 온 나의 퇴근 가방을 뒤졌다. 오늘 들어온 학원비 뭉치를 꺼냈다. 서랍 속의 통장을 찾아냈다. 다시 나의 가방 속에서 작은 지퍼까지 다 열어서 또 다른 무언가를 찾고 또 찾았다. 기운 없는 내 몸을 일으켜 손을 뻗어보았지만 남편은 이미 다 챙겨서 윗옷 속으로 밀어 넣었다. 쓰러진 나를 아랑곳 하지 않고 안방 문을 열고 나갔다.

몸이 점점 더 떨려왔다. 너무도 기가 막혀 울음도 나오지 않았다. 남편이 현관문을 꽝 닫고 사라지자 두 아들이 방문을 열고 들어왔다.

"어… 엄마. 엄마. 왜 그래. 엉엉엉… 엄마!"

큰 아들이 내 몸을 흔들며 나를 불렀는데 작은 아들 성우가 쓰러진 나를 보고 소리 내어 울었다. 놀란 엄마가 달려왔다.

"순애야! 순애야.."

엄마의 목소리가 점점 커졌다.

"왜 그래 순애야. 무슨 일이야. 아니 방안을 다 뒤져놓고 아가 이렇게 쓰러졌는데 그냥 기어 나가는 인간이 어딨나. 저런 게 남편이라고… 세상에. 내가 못 산다. 아! 아! 아이고 우리 순애야… 으악… 악… 악…"

엄마가 충격을 받아서 쓰러지듯 비명을 질렀다.

"엄마! 할머니… 엉… 엉… 엉…"

남편이 사라져 버린 뒤 우리 집안은 초상집이 되었다. 이 참담한 순간에 나는 일어나야 한다고 생각했다.

"어… 엄마… 어…엄마…"

"순애야… 순애야… 어여 말해봐라. 그래. 무신 말이고? 응?"

통곡을 쏟아내던 엄마가 내게 얼굴을 갖다 댔다.

"엄마… 추워… 추워…"

"오냐. 춥다고. 알았다."

엄마가 이불을 꺼내 내게 덮었다. 두 아들이 달라붙어 엉엉 울었다. 그제서야 내 눈에 눈물이 터져 나왔다.

"엄마… 응…"

"순애야! 무슨 일 있었노? 저 인간이 무슨 말을 하고 갔노. 니가 이래 충격을 받은 거 보면 내가 짐작이 간다. 천하에 몹쓸 놈. 생때같은 내 딸을 이래 배리 놓고 지 놈이 잘 살줄 아나. 남의 눈에 이래 눈물을 빼면 지 눈에는 피눈물이 날끼다. 세상에 이런 아가 어딨노. 지가 뭐가 불만이라 집을 나가더니… 천하의 나쁜 인간. 아이고…"

엄마는 당신 가슴을 주먹으로 쳤다.

목숨을 건 영적 전쟁

딸의 인생이 한 순간에 무너지는 것을 보고는 엄마가 스러질 것만 같았다.

"내가 뭐라 카드노. 처음 볼 때부터 가까이 붙이지 마라캤제. 저 도둑놈이 얼마나 찾아와서 울고불고 난리를 안치더냐. 내 딸을 이래 만들라꼬 죽자고 달라붙더니, 남의 인생을 이래 망칠라고… 아이고… 아이고…"

누워있는 나는 마음속에 불이 났다. 덮고 있던 이불을 확 던져버렸다. 울던 엄마가 소스라쳤다.

"순애야… 정신이 좀 드나?"

"엄마. 애들 앞에서 그런 말 좀 하지 마. 그리고 그 사람이 밖에서 다른 일을 시작했대. 그런저런 얘기하고 간 거야. 지금 내 몸이 몸살기가 있어서 벌벌 떨린 거야. 좀 쉬려고 누웠는데 엄마 때문에 쉴 수가 없잖아. 제발 엄마. 아무 일 없으니까 그렇게 울고불고 난리치지 마. 나 좀 쉬면 나을 거야. 좀 쉬게 엄마. 내 걱정 안 해도 돼."

"그래? 니 말을 믿어도 되제? 그래 알았다. 좀 쉬라. 밥은 먹었나."

혼잣말을 하며 엄마가 안심하는 얼굴로 일어나 나갔다.

"아들아?"

"응. 엄마."

"이리와."

두 아들을 품에 안았다. 두 아들의 체온이 너무도 따뜻했다. 내 눈에 흐르는 눈물을 아들이 자기 손으로 닦아주었다.

"엄마. 아버지가 나쁜 말했지? 그래서 엄마가 슬퍼서 우는 거지?"

"응? 아니야. 아빠도 마음이 많이 힘들다고 했어. 그래서 아빠의 마음도, 엄마의 마음도 아픈 거야."

두 아들은 내 품속에 파고 들었다. 어른들의 세계에는 어떤 일이 일어나든지 자기들은 엄마 품속에만 있으면 된다는 생각에 안도의 마음을 가졌다. 그 밤을 눈물로 뜬 눈으로 새웠다. 내 품에서 잠든 두 아이만으로 텅 빈 내 마음을 채웠다.

"하나님. 저에게 이 소중한 두 아들을 주셔서 감사합니다. 하나님이 주신 우리 두 아들은 내 생명처럼 소중한 아들입니다. 내 인생에 어떤 상황이 닥쳐와도 이 아이만은 포기하지 않을 겁니다. 이 세상에서 가장 사랑하는 나의 엄마와 우리 두 아들만 내 곁에 있으면 저는 충분히 행복합니다."

하나님께 눈물의 감사의 기도를 수도 없이 드렸다. 남편과는 마음의 거리가 하늘과 땅만큼 벌어졌다. 무엇이 우리 남편의 마음을 저토록 변질되게 했는지… 내 속에 계신 성령의 하나님과 남편 속에 있는 악령의 사탄과의 영적인 싸움이 시작되었다.

남편은 나에게 영적 전쟁을 선포하고 간 것이다. 나의 길과 자기의 길이 다르다는 것은 생명의 길과 사망의 길만큼. 하늘과 땅 차이다. 내 눈앞에 엄청난 영적인 전쟁이 기다리고 있음을 알았다. 오직 나만 바라보고 사는 어머니와 두 아들을 위해서 나는 이겨내야 했다. 내가 쓰러지면 내 사랑하는 이들도 무너진다. 다시는 이렇게 무너져선 안 된다. 내가 그를 이길 수 있는 것은 영적 무장이다. 기도로 하나님의 능력을 힘입기를 기도해야 한다.

"나의 하나님. 나의 하나님. 나를 도우소서. 나를 일으키소서.

남편을 죄의 길에서 구원해 주소서. 나의 하나님이여 속히 응답하소서."

　내 인생의 하루는 낯선 시간 위를 달린다. 내 마음속에 자리 잡은 슬픔도 낯설기는 마찬가지다. 한 남자가 내 인생 속에 들어온 이후 어디엔가 쫓기듯이 그 남자의 운명과 맞닿아버린 내 인생이 점점 더 깊은 수렁으로 빠져들고 있었다. 나는 학원 일에 몰두했다. 나의 온 마음을 학원 일에 쏟았다. 그 무렵 나는 네 번째 웅변, 글짓기 학원을 준비했다.

　이때부터 유치원 아이들을 모집했다. 연이어 미술학원과 유치원을 개원했다. 각각 다른 건물에 보증금과 월세를 내며 각 학원에 맞춘 시설을 리모델링했다. 웅변, 글짓기와 미술, 유치원, 어린이집 종일반 아이들까지 아침부터 7세 이하 유치원생이 바글바글 모여들었다. 당시 큰 차 2대를 운행하면서 아이들을 태워왔다.

　하나님의 은혜로 커져가는 학원은 어느새 초등학생과 유치원 아이들이 반반일만큼 유치부에 급속도로 모여 들었다. 유치부 원생이 2백 명이 훨씬 넘어섰고 종일반 위주인 어린이집 아이들까지 3백 명에 이르자 학원의 기반이 완전히 잡혔다. 이때 나의 기도는 학원 건물을 지어서 여기저기에 건물을 임대하여 다섯 군데로 나뉘어있는 학원을 한 건물로 옮겨오는 것이었다.

　"하나님의 뜻이라면 이 기적 같은 일을 이루어주소서!"

　지치도록 일하고 새벽마다 성전 바닥에 엎드렸다. 삶이 힘 들수록 믿음의 반석 위에 서기를 기도하였다. 드디어 초등학교 가까운 곳에 땅을 샀다. 건물을 지을 수 있도록 땅에 허가를 받아야 하는 부분이 많았다. 공무원인 학부모님의 도움을 받아서 몇 달 만에 허가를 냈다. 그리고는 건물 설계도가 완성되고 학원 빌딩을 짓기에 이르렀다. 공사기간 내내 하나님께 기도드리는 시간을 두 배로 엎드렸다. 수많은 인부들이 1994년 여름 이후 1995년 3월에 개원을 해야 하는 때를 맞추어 인테리어까지 완공하기엔 정말 바쁜 시간이었다. 벽돌 한 장이 쌓여 한 벽이 되고 철근이 이어져 올라가며 기둥이 되었다. 나는 학원과 유치원 아이들을 돌아보랴 공사장을 수없이 달려와 기도하랴 시간을 쪼개고 쪼갰다.

학원에는 아이들이 더 밀려왔다. 교실이 미어터졌다. 1995년 3월 31일. 계획보다 한 달이 미루어져 완공되었다. 좁은 공간에서 힘겹게 견디어 준 아이들이 일제히 함성을 지르며 완공된 건물로 몰려들었다. 내 인생에 꿈만 같은 일이 일어난 것이다. 내 자신도 믿어지지 않는 일이 내 인생에 일어났다.

준공검사를 마치고 종합학원 개원 예배를 드리는 날. 엄마와 나는 눈물범벅이 되었다. 내가 할 수 없는 일을 오직 하나님이 이루셨다.

죽음의 강을 건너야 하네

기도는 길어도 응답은 순간임을 삶 속에서 체험되어졌다. 다섯 군데의 보증금을 다 모으고도 새로 지은 건물과 땅값은 턱없이 부족해 대출을 많이 받으며 출발을 하였다.

학원 건물 위층으로는 외국어 학원, 입시 학원, 보습 학원, 중고등부 학원까지 개원을 하였다. 유치원 아이들은 종일반과 함께 350명에 이르렀다. 이 아이들은 든든한 밑거름이었다. 유치원을 거쳐 초등학교에 가도 계속 다니는 아이들이 많았다.

진작 문을 연 태권도 체육관은 아이들에게 자신감을 키워주는 것을 좋아하는 학부모님들이 속셈학원에 더하여 보냈다. 여자아이들은 속셈과 피아노, 두 과목 이상씩을 거의 보냈다.

중고등부는 저녁 6시 이후에 오는데 국, 영, 수, 과학을 집중지도 하였다. 선생님은 각 과목별 전공 선생님들이 가르쳤다. 전체 종합학원의 원장인 나는 부원장을 두었다. 원감, 그 아래로 각 학원별 주임 선생이 있다. 이렇게 각 과목별 책임 지도하는 주임 선생님은 원감님께 보고와 의논, 부원장을 통해 원장에게 오는 과정이었다.

책임지도란 학원을 바로 세워나가는데 중요한 부분이었다. 나는 상담을 우선으로 하고 학원비를 관리하며 전체를 이끌었다. 매주 교사회의를 통해 교사를 격려하고 칭찬을 하며 잘못된 부분은 개인적으로 지적했다. 회의는 원장의 계획과 의논을 거쳐 지시하는 부분이 많았다. 우리 학원의 선생님들은 거의 믿음의 사람이었다. 함께 식사하고 함께 기도하며 한 가족처럼 지냈다.

새로운 건물 완공은 주변에서 가장 좋은 시설을 갖춘 최고의 학원이었다. 새벽마다 하나님께 무릎으로 하루를 드리는 삶의 원천은 하나님께 있었다. 사회적으로는 이토록 기적 같은 성공을 이루게 되었지만 내 마음속엔 큰 산이 있었다. 그것은 남편이었다.

남편은 충혈된 눈으로 밤이슬 맞으며 산을 넘어온 산짐승처럼 내 앞에 나타났다. 그는 세상에서 상처 입은 내면을 내 앞에서 분출했다.

내 머릿속은 하얗게 덮여버렸다. 미쳐 날뛰며 거품을 문 남편은 "나는 악마다. 널 죽이러 여기까지 왔다. 이제 넌 꼼짝없이 내게 죽는다. 까불지마."하며 한 손엔 칼을, 다른 한 손으론 내 목을 조르며 최후의 말도 할 기회를 주지 않았다.

숨이 꽉 막혀 질식할 것 같은 그 순간 악몽 같은 꿈에서 깨어나고 싶어 엄마를 불렀다.

나는 실신했다. 너 없이 죽고 못 산다던 사랑은 떨어지는 낙엽보다 더 가벼운 바람이었다. 한 남자의 눈물 앞에 무너져 버린 내 인생이 가여워 며칠을 그 자리에 누워 베개를 적셨다.

높은 태산 같은 남편의 폭력과 무자비 앞에 속절없이 무너진 내 인생아! 남편이 내 앞에서 흘린 눈물이 그의 가슴에서 길러온 진실인 줄 알았던 말들을 믿었던 내 자신이 미웠다. 이성을 잃어버린 남편. 그의 내면에 인간이기를 포기해버린 남편. 무엇이 그를 그토록 미쳐버리게 만들었을까! 남편과 한데 묶인 내 인생은 서로가 다른 길을 갈수록 한데 묶인 발은 더 피비린내를 냈다.

날마다 나의 눈물 속에는 고향의 바다, 그 바다 물결이 부서져 내 가슴에 내려앉았다. 남편이 다녀간 후유증은 내 몸과 마음이 바스러지도록 죽음의 강을 건너야만 했다. 며칠간 밥을 넘기지 못한 허멀건 내 눈빛이 조금씩 제자리를 찾았다. 나로 인해 초주검이 된 엄마의 모습이 마음을 삼키는 내 눈에 이제야 들어왔다.
"순애야… 내 딸 순애야… 어여 먹어라…"
엄마의 눈 속에서 어릴 적 바다를 보았다. 기운을 차리고 학원으로 달려나갔다. 학원은 별 일 없었다. 신규 상담은 부원장과 원감이 대신하고 있었다. 원장실 책상 앞에 소파가 있고 그 위로 넓은 창이 있었다. 창밖의 나뭇잎, 하늘의 맑은 구름이 떠다녔다.
내 마음의 깊은 우물에는 기억의 창고가 있었다. 어느 한 순간 창밖의 하늘은 고향의 하늘과 겹쳐졌다. 지금 나는 어디까지 와 있는가! 살아온 과거의 책장마다 눈물에 젖은 깊은 슬픔이 된다. 풀잎 이슬처럼 감쪽같이 사라져 버린 지나온 발자취를 내 마음의 고랑을 따라 넘기고 있었다.
밖에서 선생의 비명소리가 들려왔다. 내 귀와 눈이 건물 현관 입구를 향할 즈음, 원장실 문이 활짝 열렸다. 남편이 그 문을 여는과 동시에 나의 시선은 남편과 마주쳤다. 살기에 찬 남편의 눈빛에 내 마음이 먼저 무너졌다. 내 속에서 두꺼운 얼음장이 소리를 내며 갈라지는 절망을 느꼈다. 남편은 날을 세운 눈빛으로 나를 쏘아보았다.

"야! 남편이 들어오는 게 안 보이냐?"

내 몸과 마음은 얼음장이 되었다.

"니 잘 나가는구나. 이런 빌딩을 지어 돈을 다 끈다며. 내가 누구냐. 니 남편이 아니냐. 니는 이래 잘 나가는데 남편은 돈 한 푼이 없어서 벌벌 떤다면 누가 믿겠냐. 좋은 말 할 때 남편으로 대접 한 번 해봐라."

그는 입술을 잘근잘근 씹었다. 억장이 무너져 내렸다. 이제 건물 지은 지 얼마나 되었다고… 대출 받은 거 갚아나가기가 바쁜데 돈이 많아서 건물을 지은 것이 아니란 말이 목구멍에서 넘어오지 않았다. 적어도 몇 년은 학원운영이 지금처럼 잘 되어야 다 갚을 수 있으니 그때까지는 여기에 집중해야 한다는 말을 하기도 전에 남편의 눈동자에 힘이 들어갔다.

"야! 내 말이 안 들려?"

"당신. 제발 정신 차리세요!"

순간,

"에이. 이년이… 디질라고 환장을 했나!"

"퍽!"

"으악…"

험상궂게 일그러진 남편의 표정과 함께 그의 억센 주먹이 날아왔다. 오른쪽 눈과 콧등, 광대뼈 가운데에서 아주 짧은 순간 번

개 같은 빛을 보았다. 불이 번쩍하는 순간 내가 서 있는 건물 천정이 거꾸로 돌며 나는 소파와 탁자 사이로 나동그라졌다. 어릴 적 내가 보았던 그 많은 끔찍한 장면들이 와르르 쏟아져 내렸다.

하루가 지난 뒤 의식이 돌아왔다. 내 몸에는 환자복이 입혀져 있고, 온 얼굴에 붕대가 감겨져 있었다. 왼팔에는 링거가 꽂혀져 방울방울이 떨어졌다. 한쪽 눈은 코뼈와 함께 붕대가 감겨져 있었다.

"절대로 울면 안 됩니다. 눈물이 흐르면 코뼈가 붙을 수 없습니다."

아! 죽음보다 더 깊은 절망이여

엄마는 집에 들어오지 않은 딸을 기다리다 피가 마르듯 밤을 꼬박 새웠을 것이다. 아픈 몸을 끌며 공중전화로 갔다.

"순애야! 순애야! 어디 갔는데 말도 없이 집에 들어오지 않냐? 무슨 일이 있는 건 아니지? 이 애미가 피가 마른다."

나는 있는 힘을 내어 좀 멀리 원장연수 왔다고 며칠 더 교육을 받아야 갈 수 있다고 했다.

"니만 별일 없이 잘 있다면 됐다. 나는 오매불망 니가 걱정 되서 잠이 안 온다. 이제 니 목소리를 들었으니 안심이다."

"엄마. 내 걱정은 조금도 하지 마. 나 잘 있으니까."

"오냐. 오냐. 인자 걱정 안 한다. 잘 마치고 오너라."

수화기를 내려놓고 병원 소파에 주저앉았다. 밤마다 애들이 내 병실을 찾아왔다. 내 손등에 얼굴을 대고 울고 있는 아들을 보고 눈을 떴다.

"아들. 언제 왔어? 엄마 괜찮아. 울지 마. 성우야."

"엄마… 아빠랑 헤어져도 우리 안 버릴 거지? 엄마… 우리 버리지 마."

내 사랑하는 아들이 울었다.

"엄마. 우리 아빠 따라가라고 하지 마. 엄마 말 잘 들을 게. 우리가 빨리 커서 엄마한테 더 잘할게 엄마! 우리 버리고 가지 마. 엉엉엉…"

내 울음소리가 더 커졌다. 온몸이 떨리도록 울었다.

"아니 어떻게 그런 말을… 성우야! 아! 아! 하나님… 이 불쌍한 아이를 지켜주세요."

울고 있는 아들을 힘껏 끌어안았다.

"아들아, 너는 엄마 아들이야. 절대로 버리지 않아. 우리 아들 없이 엄마는 살 수 없어."

내 품에 안겨 소리 내어 울고 있는 두 아들을 안고 절망하며 나도 울었다. 엄마의 아픔을 보며 자신들이 버림받을까 걱정하며 가슴 조인 두 아들이 가여워 하염없는 눈물이 쏟아져 내렸다.

두 아들의 마음속에 깊어졌던 엄마에게 버림받을 것의 두려움의 벽을 희망의 문으로 활짝 열었다. 우린 그렇게 마음과 마음이 맞닿아진 하나 된 사랑의 눈물을 꼭 껴안은 가슴으로 울었다.

병실에 누워 한쪽 눈으로만 바라본 먼 하늘이 보였다. 봄이면 계곡의 물줄기를 따라 자라던 하얀 찔레꽃 잎을 따 먹었던 고향으로 내 마음은 달려갔다. 동그란 눈으로 하얀 찔레꽃잎을 따먹었던 까만 고무신을 신었던 그 소녀가 두 아들의 엄마가 되어 있다. 지금의 나에게 그때 소녀가 물었다.

"지금이 그때만큼 행복하니?"

병실의 순애는 고개를 저었다. 그때 소녀는 꽃잎이 아닌 꿈을 따먹었음을 훗날에 알았다.

집으로 돌아온 날, 수척해진 내 얼굴을 보고 엄마가 울었다. 내가 아무리 원장 연수를 다녀왔다고 해도 눈치를 챈 것 같았다.

"순애야… 니가 내 옆에 있어도 나는 왜 니가 이렇게도 그립노. 흑흑… 니가 보고 싶어 죽는 줄 알았다."

"엄마. 미안해… 엄마… 앞으로 멀리 절대로 안 갈게. 엄마 마음 편하게 해 주고 싶어."

참으려고 애써도 가슴이 저려 왔다. 콩 알만 한 눈물이 뚝뚝 떨어졌다. 방에 이불을 깔고 누웠다. 아직도 내 몸 상태가 정상이 아닌 것이 느껴졌다. 큰 아들이 옆에 와 목이 메어 "엄마"를 불렀다. 나는 대답대신 아들의 손을 꼭 잡았다.

"울지 마. 엄마는 괜찮아. 좀 쉬었다 일어나면 돼. 남자는 자꾸

우는 것 아니다. 씩씩한 우리 아들을 엄마는 좋아한다."

그때였다. 현관문이 열렸다. 얼굴에 술기가 오른 남편이 나타났다. 내가 퇴원하여 집에 온 것을 알고 온 것이다. 남편이 거실로 들어섰을 때 깜짝 놀란 엄마가 안방으로 들어오려는 남편 앞을 막고 섰다.

"자네. 안방으로 못 들어가네."

단호하게 작심한 듯이 엄마는 양팔을 벌리고 서서 딸을 지키겠다는 각오로 가로 막았다.

"어머님. 왜 이러십니까. 제가 그런다고 못 들어갈 것 같습니까?"

남편도 물러서지 않았다.

"처음 우리 집을 찾아 올 때부터 내가 알아봤지. 시커먼 그 속을…"

엄마는 흥분하여서 생각만 해도 치가 떨린다고 말을 못 이어갔다.

"남의 딸 인생을 이래 망쳐놓고 무신 낯짝으로 툭하면 집에 들어와 돈 내놓으라고 살림을 다 부수고 생때같은 내 딸을 때려서 저리 만들어 놓았노. 그러고도 니가 사람이가? 하나님이 다 보고 있다."

엄마의 음성이 부들부들 떨려 말하는 목소리가 떨려왔다. 남편은 잠자코 듣고 있었다. 엄마의 목소리는 한 톤이 높아졌다.

"내 딸이 무슨 잘못을 했노? 저 불쌍한 내 딸이 남의 자식 잘 키우며 돈 벌어 다 뺏기고 이래 참고 살고 있는 내 딸이 불쌍하지도 않나? 니가 인간이라면 그 짓을 못 할 기다. 차라리 나를 죽여라. 내 딸에게 못 간다. 여기서 나를 죽여."

엄마가 소리를 지르며 안방 문 앞에 드러누웠다. 울며 당신을 주먹으로 쳤다. 통곡을 쏟아냈다.

"아이고, 남편 복이 없는 나는 자식 복도 없구나. 저 불쌍한 내 딸 순애가 어쩌다가 이런 인간을 만났노. 내가 이런 꼴을 보고 살다니. 차라리 나를 죽여라. 악. 악. 악."

엄마는 이 딸을 지키려고 온몸을 불살랐다. 안방에 누워있는 내 심장이 멎었다. 나 때문이야. 이 모든 게 다 내가 잘못해서 엄마의 인생까지 이런 슬픔에 빠져들게 만들었다는 죄책감에 숨이 멎을 것 같았다. 내 몸을 억지로 일으켰다.

악마가 삼켜버린 남편 영혼

기도 상에 엎드려 가슴을 웅크린 채 울부짖었다. "하나님 아버지… 아버지여… 불쌍히 여겨 주소서… 아버지 흑흑…"

남편이 안방 문을 열었다. 예배 상에 앉아 눈물범벅이 된 나를 보았다. 남편은 갑자기 흥분을 하듯이 길길이 날 뛰었다.

"야! 차라리 악을 쓰며 내게 대들어라. 그런 꼴로 천날만날 울고만 있지 말고. 으악악!"

남편이 괴성을 지르며 울부짖었다.

"나는 당신의 그런 모습이 제일 싫어. 싫다고. 왜… 아무 말도 안 하고 울고만 있는 거야. 왜… 왜… 으악… 악. 악."

남편은 방바닥을 한 바퀴 구르듯 악을 쓰더니 그 자리에서 울었다. 남편의 눈물과 벌린 입에서 흐르는 눈물이 방바닥에 흘렀다.

"왜 그 입을 꽉 다물고 있어. 너는 내게 할 말이 없어? 니 눈엔 내가 인간으로 안 보이냐. 너는 지금 나를 속으로 무시하고 있지? 그래 좋아. 니가 언제까지 그 입을 꽉 다물고 있는지… 사람의 속을 너는 침묵으로 뒤집고 있어. 너 지금 내게 침묵 시위하는 거지. 내가 어떤 놈인지 더 보고 싶은 거야? 다 보여줄게. 바닥까지 뒤집어서 내 속을 다 보여 줄 게. 밖에 너 어미한테 나를 잡으라고 시키고 너는 침묵으로 나오고. 둘이서 잘 한다 잘 해. 내가 어떤 놈인지… 이놈의 집구석을 다 뒤집어 놓고 말꺼다."

남편이 흥분하여 몸을 떨더니 갑자기 내 앞에 놓인 예배 상을 오른발로 힘주어 내치쳤다. 내 눈물이 배인 성경책을 확 집어 뜯으려고 남편이 두 손을 벌렸다.

"안 돼! 성경책만은 안 돼. 엉… 엉…"

"아. 이제 말이 나오는군."

남편의 모습은 정신 나간 산짐승이었다.

무엇이 남편의 영혼을 병들게 하였는지! 내 눈에는 그의 미친 행동보다 그의 영혼이 가여워 눈물이 흘렀다.

그때 나는 내 가방 안에 있는 돈을 다 꺼내서 남편 앞에 두었다. 놀란 남편이 행동을 멈추며 나를 힐끗 보았다. 나는 바위처럼 앉아서 눈물만 흘리고 있었다. 남편이 말없이 그 돈을 주머니에 넣고는 집 밖을 도망치듯 사라져 버렸다. 남편의 목적은 돈이었다.

한바탕의 폭풍이 휩쓸고 간 집안은 온통 폐허가 되어 있었다. 두 아들은 아빠 근처에 얼씬도 못하고 자기들 방안에서 떨고 있고, 엄마는 당신의 방에 쓰러져 신음소리를 내고 숨을 헐떡이고 있었다. 누워있는 엄마 곁에 다가가 들썩이는 엄마의 등을 꼭 안았다.

"엄마… 아무 것도 걱정 하지 마. 애들 아빠 곧 돌아 올 거야. 우리가 기도하는데 하나님이 역사 해 주실 거야. 엄마와 내가 이렇게 같이 잘 사는데 무엇이 걱정이야. 엄마 알았지. 이젠 울지 않기다."

엄마에게 응석을 부렸다. 엄마의 유일한 희망은 나다. 그런 엄마에게 내가 더 잘해드려야 한다고 내 자신과 다짐하고 또 다짐을 했다. 내 가슴에 안겨와 우는 두 아들은 나의 눈물을 보며 자랐다.

"아들… 이 세상 끝까지 함께 가기로 우리 약속했지? 니들 곁에는 언제나 엄마가 있을 거야. 공부 열심히, 교회 열심히, 매일 성경공부도 열심히. 알고 있지?"

나의 가슴은 엄마와 우리 아들들의 모든 눈물을 다 받아냈다.

밤마다 네 식구는 매일 가정예배를 드렸다. 아들 둘은 번갈아가며 사회를 보고 대표기도는 엄마의 차지다. 눈물로 너무 길게 기도하는 게 탈이었다. 말씀은 언제나 내가 전했다. 마지막에 주기도문을 드릴 때엔 네 식구가 손을 꼭 잡는다. 그리고 10분간 통성기도도 같이 이어서 했다.

온 식구는 힘든 마음을 기도에 담았다. 그렇게 우리 가족은 하루하루를 믿음으로 승리하며 서로 얼싸안고 축복하며 위로하며 절망의 터널을 지나고 있었다.

학원은 각 분야별로 잘 운영되고 있었다. 하나님의 은혜로 모든 것이 저절로 되어 진다는 것을 알았다. 무엇보다 종합학원으로 규모가 커지면서 매월, 대출금액과 원리금을 갚아나가는 일이 벅찼다. 워낙 선생들이 많고 차 운행과 기사들도 많았고 학원 내 식당까지 운영했기 때문에 지출이 많았다. 수백 명의 아이들과 수십 명의 직원들이 학원 식당에서 밥을 먹었다. 전체 학원생들의 숫자가 유치원생을 합하여 천여 명에 이르렀다. 그 중 150명 정도는 고아원 아이들과 생활보호대상자 가정의 자녀는 무료로 가르쳐 주었다. 나라에서 지원은 전혀 없었고 원장의 순수한 섬김의 마음이었다. 오히려 섬길 수 있는 기쁨이 더 컸다.

새벽마다 하나님께 이 큰 살림을 꾸려 나가면서 어려운 아이들을 무료로 가르칠 수 있는 것에 감사의 기도를 드렸다. 전체 지출이 워낙 많다 보니 원생들이 그토록 많아도 매월 은행에 갖다 주는 돈이 수입의 대부분이었다. 그러나 제일 먼저 학원비의 십일조 헌금은 철저하게 드렸다.

1997년도에 이르러 나라가 어려워지면서 은행이자는 더 올라갔다. 그럼에도 하나님은 잘 이끌어 주셨다.

벼랑 끝으로 몰고 가다

그런 어느 날, 학원 원장실 직통 전화로 남편이 청천벽력 같은 전화를 걸어왔다. 그것은 나와의 관계를 깨끗이 정리할 테니, 다시는 찾아와 행패도 부리지 않을 것이니, 이혼을 하자는 것이었다. 나는 아무 말도 하지 못하고 벌벌 떨었다.

"이… 혼을… 하자 구요."

"그래! 이혼. 우리 끝내자. 그리고 한 가지. 니 재산의 절반을 받아야겠다. 이혼 조건으로."

"뭐요. 재산의 절반을… 아!"

"내가 남편이니까 너의 재산의 절반을 받을 권리가 내게 있어. 너 몰랐어?"

남편은 꽥꽥 소리를 질렀다. 나는 더 이상 팔이 떨려서 수화기를 들고 있을 수가 없었다. 심장이, 온몸에 식은땀이 흘렀다. 나는 의자에 주저앉았다. 진정이 되지 않아 숨을 몰아쉬며 수화기를 내려놓았다.

다시 요란하게 전화벨이 울렸다. 분명 남편일 것이다. 전화를 받으면 욕부터 퍼부을 것이 눈앞에 그려졌다. 따르릉 소리가 또 한 번 내 인생을 무너뜨린 지옥의 소리처럼 들렸다. 전화코드를 뺐다. 세상이 조용해졌다. 내 마음은 칼 위에 선 것같이 심장이 '멈췄다 뛰었다'를 반복했다.

"오. 하나님. 나를 지켜주소서. 이럴 때 제가 어찌해야 합니까."
벼랑 끝에서 하나님께 매달려 살려달라고 소리치고 싶어 교회를 달려가고 싶었다. 그때 원장실 문을 노크하며 선생님이 들어왔다.

"원장님. 새로 이사 오신 학부모님이 자녀를 보내고자 상담을 오셨습니다."

"예…"

나는 얼른 안으로 들어오라고 말을 못하고 머뭇거렸다.

"원장님. 얼굴 안색이 안 좋아 보이셔요. 너무 창백해 보이시는데… 괜찮으시겠어요?"

어느 정도 눈치를 챈 원감이 나를 부축하려 했다.

"괜찮아질 거예요. 손님, 들어오시게 하세요."

한 시간이 지났다. 또 다른 한 팀이 상담을 다녀갔다. 점심도 먹지 못했다. 책상 위 전화기를 꽂는 순간 전화벨이 울렸다. 얼떨결에 수화기를 들었다.

"야! 씨. 너 죽으려고 환장했어? 너 왜 전화 이제 받아. 에이

씨. 누구 머리에 뚜껑 열려 죽는 꼴 보려고 그래!"

남편은 흥분이 머리끝까지 차올라 고래고래 고함을 질렀다.

"내가 이번에 너가 또 안 받았으면 신나통 들고 가서 학원에 다 뿌리고 빌딩이고 지랄이고 다 불 싸질러 버리려고 했어. 알아?"

순간 내 머리가 터질 듯이 아파왔다.

"야! 내 말 듣고 있어?"

내 귀에 쨍쨍 와 박혔다. 남편의 목소리가 질리도록 무서웠다.

"예. 듣고 있어요."

겨우 말을 했다.

"야. 지금까지 무슨 짓 하느라고 전화를 안 받았어? 말해봐. 니가 이렇게 사람을 무시하니까 내가 더 돌아버리잖아."

"제가 전화코드를 빼 놓았어요. 미… 안… 해요."

"뭣이 어째? 전화코드를 빼 놓았다고? 이 병신 같은 게 정말 사람 미치게 하네. 으악악… 오늘 너 죽고 내 죽는 꼴 볼래. 내 성질이 얼마나 급한 놈인거 알면서 내가 학원으로 달려가서 무슨 짓 할지 너 어떻게 알아. 이씨. 너 오늘 하늘이 도운 줄 알아!"

입에 거품 무는 남편의 목소리에 내 마음은 산산이 무너져 내렸다. 나는 마음을 가라앉히며 물었다.

"당신이 나와 이혼하겠다고 지금까지 전화를 건 거예요?"

"그래. 너를 위해서 내가 이혼해 주기로 결심했다."

남편의 목소리도 좀 차분해졌다.

"내가 너에게 자유를 주기 위해서야. 너도 내 같은 놈 만나 이렇게 골 썩으며 살지 말고 불쌍한 너거 엄마와 새 삶을 살아. 내가 너를 해방시켜줄게."

연습을 했는지 꽤나 멋있게 들리는 말로 나에게 말을 했다.

"그럼 당신은 저와 이혼해 주는 대가로 얼마를 달라는 거예요?"

내 속에 막혀있던 말이 내 목구멍을 넘어왔다.

"그래. 이제야 내 말을 알아 들었군. 내가 듣고 싶었던 질문이야. 내야 많이 받으면 좋겠지만 니를 생각해줘서 적어도 몇 억은 받아야지 않겠나?"

"뭐요? 몇 억? 당신, 그 몇 억이 어디 있어요. 지금 제가 하루하루를 어떻게 살고 있는데. 당신이 내게 어떻게 이럴 수 있어요."

내 가슴 속에 통곡이 일었다.

수화기를 든 채 나도 모르게 울음을 터뜨렸다. 돈도 없지만 지금까지 남편을 위해 얼마나 기도하고 있는데 이혼이라니⋯ 회개하고 돌아올 남편을 기다리는 나에게 이혼이라니⋯ 수화기 너머에서 남편의 목소리가 다시 유리창 깨지는 소리처럼 들려왔다. 그냥 수화기를 내려놓아 버렸다.

듣지도 않았고 대꾸도 하지 않았다. 그 날, 학원을 마치고 집을 갈 자신이 없었다. 엄마와 애들 앞에서 울지 않을 자신이 없었다. 나의 가슴에 죽음 같은 절망이 삶의 낭떠러지로 밀어냈다. 이 절망을 어떻게 건너가야 하는가! 속절없이 무너지는 내 마음을 희망의 받침대 위에 올려놓으려 안간힘을 썼다. 눈물범벅이 된 얼굴로 내 차가 멈춘 곳은 교회 주차장이었다. 여전히 성전 안에는 아늑함과 어둠만이 모든 슬픔을 덮고 있었다. 그 고요의 정적을 깨고 나의 기도와 눈물이 성전을 가득 채웠다. 내 인생은 언제나 이렇게 모든 길이 다 막혀 길이 없는 절망의 바닥에서 하나님을 만난다.

"하나님 아버지여. 저를 불쌍히 여겨 주소서. 어찌해야 할지 말씀하여 주소서."

내 눈물을 마음껏 바칠 수 있는 하나님의 집이 있어 내 영혼은 평안으로 안착되어 갔다. 그 치 떨리던 감정들과 인간의 아우성이 연기처럼 사라져 버린다는 것을 하나님 앞에 엎드리면서 알게 되었다. 내 감정에 사로잡히지 말자. 냉정하게 사물을 보자.

늦은 밤 집에 들어왔을 때 아이들은 잠들었고 엄마가 나왔다. 엄마의 눈빛이 '또 무슨 일 있구나?' 묻고 있었다. 나도 눈빛으로 여느 때처럼 '아니 아무 일도 없어'하며 엄마를 꼭 안았다.

"엄마. 아무 것도 염려하지 말랬잖아. 하나님이 다 지켜주시지."

"그래. 알았다. 내가 니를 봐야 안심이다. 어여 자거라. 늦었다. 밥은 먹었나?"

나는 벌써 안방 문을 닫았다.

내 인생의 하늘이 무너졌다

이튿날 학원으로 추가대출을 받을 수 있는지 알아보기 위해서 은행을 찾아갔다.

"워낙 잘 되는 학원이고 현금이 매일 수백만 원씩 들어오니 추가대출이 가능합니다. 얼마나 더 받으시게요?"

"몇 억이요"

"예에? 몇 억. 꽤 큰돈인데… 최대한 한 번 올려보겠습니다."

"예."

며칠이 지나 남편에게서 전화가 걸려왔다.

"아직도 고민하고 있나?"

단호했다.

"아니요. 결심했어요."

"잘 생각했어. 너를 위한 선택이야."

남편의 목소리에서 목을 조였던 긴장감이 확 풀렸다. 애들만은 지켜내기 위해 여기서 남편과 끝을 내는 것을 택했다. 이튿날 약속 장소로 택시를 타고 갔다. 남편이 바싹 마른 입술로 초췌하게 서 있었다.

"돈 가지고 왔어?"

남편은 나를 보자마자 돈을 확인했다.

"예."

짧은 대답과 동시에 가방 안에서 수표가 든 흰 봉투를 꺼냈다.

남편이 낚아채듯이 봉투를 뺏었다. 그 봉투 속에 든 몇 장의 수표를 보고 눈이 휘둥그레졌다. 표정이 만족한 듯 얼굴이 금새 밝아졌다.

"당신과 저는 이렇게 끝나는 거예요?"

내 마음은 천근만근 무거웠다.

"당신께 드릴 말씀이 있어요."

나도 모르게 흐르는 눈물! 남편은 큰돈이 든 봉투를 들고는 마음이 붕 떠서 눈 초점이 갈피를 못 잡았다.

"응… 무슨 말을 하려고 울기부터 하고 그래."

대답도 건성이었다.

"우리 애들요. 성렬이 성우는 제가 키울 거예요. 두 아들은 이제부터 제 아들이예요."

"응? 당신 아들이라고? 맞아. 당신이 다 키웠잖아."

"앞으로도 제가 키울 거예요."

"물론이지. 나 애들은 당신에게 맡길 거야. 앞으로도 당신이 키워야지. 그럼 됐어? 나 간다."

"잠깐만요. 당신이 말했던 이혼서류 가지고 왔어요."

눈물을 뚝뚝 흘리면서 가방 속에서 이혼 서류가 담긴 봉투를 꺼냈다.

"이게 뭔데?"

남편의 표정이 굳어지면서 짜증을 담았다.

"당신 말대로 이혼서류에 도장을 찍을 준비를 해 왔어요."

"내가 미쳤어? 당신과 이혼을 하게?"

"아니. 뭐라고요?"

'이 나쁜 인간에게 또 속았구나' 하는 생각이 밀려 와 정신이 아찔해 지는 순간, 내 손에 들고 있던 이혼서류 봉투를 남편이 빼앗더니 서류와 봉투를 내 앞에서 갈기갈기 찢었다. 바닥에 하얗게 뿌려진 우리의 운명이 그대로 밟혔다. 나는 젖 먹은 힘까지 다해서 악을 썼다.

"당신 미쳤어요?"

내 주먹이 남편의 가슴을 쳤다. 내가 이토록 폭발한 것은 난생 처음이었다.

"당신이 정말 인간이에요? 인간이 어떻게 이럴 수 있어."

내뱉는 말 한마디 한마디가 피를 토해내듯 내 심장을 도려냈다.

"으아악! 으아악! 악…"

내 인생의 하늘이 무너졌다.

"이년이 미쳤나? 이게 완전히 돌았구만. 어디서 악을 쓰고 지랄이야."

순간 남편의 주먹은 내 턱뼈가 돌아갈 만큼 강편치를 날렸다.

"으악… 악… 악…"

내 몸이 허공으로 휘청거리며 그 자리에 꺾어진 나뭇가지처럼 나가 떨어졌다. 땅바닥에 얼굴을 박으며 고꾸라졌다. 얼굴에서 터진 피가 바닥에 번지며 나의 의식은 끊어졌다.

모든 것은 끝났다. 내 생명도, 힘겨웠던 삶도, 움켜잡았던 실낱같은 희망도, 내가 정녕 사랑하는 나의 엄마도, 내 목숨만큼 지키고 싶었던 두 아들도 내 생명이 꺼져버리면 이 모든 것도 끝난다.
　구룡포 바닷가에 버려졌던 열 살배기 그 불쌍한 아이가 목숨 걸고 달려왔던 그 길이… 이렇게 처절하게 갈기갈기 찢겨 길바닥에 패딩이 쳐 버려진 휴지조각처럼 짓밟힌 인생으로 끝날 것을, 왜 그토록 희망의 줄을 붙잡으려 했던가! 내가 붙잡았던 것은 희망이 아닌 허상임을 알았을 때 내 삶이 끝났다.

　창살에 은은한 달빛이 얹혀있는 밤에 나는 눈을 떴다. 한동안 눈을 뜨고도 내가 산 자인지 죽은 자인지 분간하지 못했다. 미동도 없이 숨만 쉬었다. 다른 환자의 기침소리로 여기가 병원임을, 병실 창문이었음을 알았다. 미동도 하지 않은 내 몸, 내 눈에 의식이 돌아오자 눈물이 흘렀다. 그때 처음 눈물은 산 자만이 흘릴 수 있는 산물임을 깨달았다.
　이튿날 택시를 타고 집으로 왔다. 삼일이 지난 것을 알았다. 그 삼일 간 나는 지구 밖으로 갔다 온 느낌이다.
　"엄마다."
　"순애야!"
　소리 지르며 달려드는 두 아들과 이 못난 딸을 당신 생명보다 더 귀히 여겨주시는 내 생명의 어머니 품은 내 인생의 가장 소중한 집이다. 이들이 기다리고 있는 집으로 온 날 내 짧은 의식은 다시 내 몸 밖으로 나가 버렸다. 그때부터 보름을 일어나질 못했다. 지금까지 잡고 있었던 모든 것을 놓아버렸다.

큰돈을 가지고 어디론가 사라진 남편은 내 머릿속에서 지우기로 마음먹었다. 죽음 앞에 서면 인간은 자연의 한 조각일 뿐, 영혼을 위해 살고 영원을 가슴에 품은 자는 이생의 염려를 초월할 수 있다. 헌 길을 버려 나그네 된 내 인생이 하나님의 품을 찾아 새 길을 떠나련다.

내 인생의 창조자 앞에 엎드려서 모두 토해내 버린 얼룩진 과거의 기억들을 비워낸 날! 촘촘히 박힌 죄의 씨앗들을 뽑아내기 위해 몸부림을 쳤던 내 삶 앞에 엄숙히 고개를 숙인다.

인간의 가장 깊은 내면에 뿌리내린 것들을 뽑아내는 데는 오직 전능자이신 하나님의 힘을 빌려야 하리라. 이 모든 것들로부터 자유로워진 자여! 내 발목을 잡고 놓아주지 않던 불행했던 기억들을 기어코 끝장을 낸 날, 두 날개를 달고 훨훨 날아오르는 꿈을 꾸었다. 어릴 적 나와 똑 닮은 슬픈 운명을 가진 두 아들이 이제는 내 가슴에 깊이 안겨있다. 그리고 내 어머니! 당신 생명보다 이 못난 딸을 더 사랑하는 내 어머니!

작두 위에서 춤추던 남편이…

몇 달이 지났을까 학원 책상 앞에서 창밖을 본 날, 내면이 말끔히 정리된 나를 보았다. 사슴 같은 맑은 눈으로 새로운 삶을 받아들일 마음이 된 것 같다. 날마다 내 가슴의 계곡을 타고 흐르는 눈물을 하나님께 바치던 어느 날 새벽, 몇 시간을 바위처럼 그 자리에 엎드려 기도하고 있을 때, 어디서 들려 오는 지 알 수 없는 남편의 울음소리가 내 귀에 스쳤다.

처음엔 환청인줄로만 알았다. 그런데 점점 더 커진 남편의 울음소리가 천둥소리처럼 다가왔다. 서서히 고개를 들었다. 내 옆에 정말 남편이 울고 있었다. 어둠 속에서 몸집이 큰 남편의 형체가 내 옆에 있었다.

"당신! 언제 왔어요?"

어둠이 남편과 나 사이에 있었다.

"여보. 내가 왔어. 이 죽을 죄인이 왔어. 흐흐흐…"

내 귀를 의심했다. 그토록 악마의 얼굴로 사라진 남편이 내 옆에서 울고 있다는 것을 믿을 수 없었다. '이 가증스러운 눈물로 나를 속이려고 왔다면 돌아가. 나는 네가 마음대로 짓밟았던 그 사람이 아니야. 모든 것을 비웠어. 그 무엇에도 집착과 애착을 끊은 지금 이대로 살기로 마음먹었어. 당신은 이혼도장을 찍지 않았지만 내 마음속에서는 벌써 당신을 지웠어. 이제 우린 아무 관계도 아니야. 나에겐 오직 두 아들과 내 어머니만 계실 뿐이야.'

하는 외침은 어둠이 가려져 그에겐 가질 못했다.

"어떻게 당신은 처음 그 자리에서 지금까지 그렇게 기도하며 살 수가 있는 거야. 아… 나는 사람이 아니야. 아… 아…"

남편의 울부짖음을 보는 내 눈에 눈물이 흘렀다. 당신 내면에 아구까지 찬 죄의 찌꺼기들을 다 토해내기까지는 깃털처럼 가벼운 삶으로 돌아올 수가 없어요. 내 속에 뿌리내린 수십 년 쌓아온 불행했던 과거 그 찌꺼기를 토해냈던 죽음 같은 그 길을 이제 남편이 따라오고 있음을 보았다. 하나님이 남편의 인생의 방향을 바꾸어 놓았다. 인간은 자기 힘으로는 결단코 죄의 길을 탈출 할 수 없다. 삶의 방향을 바꿀 수 없다. 인생의 시작과 끝을 아시는 하나님만이 내 인생과 미래를 바꿀 수 있다. 하나님이 남편의 인생을 직접 간섭하시길 시작하셨다. 가슴이 섬뜩했다.

작두 위에서 춤추던 남편의 인생을, 그 칼날에 베여 피 흘리는 그 인생을 불쌍히 여겨 죽음을 면케 하셨다. 인간은 자신의 힘으로 회개의 눈물을 흘릴 수 없다. 자신의 힘으로 자신의 죄를 볼 수 있거나 깨달을 수 없다. 그것은 오직 하나님의 영역이다.

"으아악… 으아악…"

남편의 통곡이 산을 오르듯 가파르게 솟구쳐 올랐다. 머리를 방바닥에 찧으며 큰 괴음 같은 소리를 냈다. 온 방안이 울리고 온 집안이 들썩일 만큼 걷잡을 수 없도록 울부짖었다.

"내 같은 놈… 절대로 용서하지 마. 아… 아… 아…"

꺼억꺼억 토해내는 죄의 찌꺼기가 강을 이룰 만큼 온 방바닥에 눈물과 콧물을 쏟았고, 그 속에 살고 있던 거대한 악마가 큰 굉음 소리를 내며 빠져나왔다. 남편은 방바닥에 얼굴을 박고 자기 속에 빠져나오지 못한 구역질하는 과거를 토해내기 위해 몸부림치며 울고 또 울었다. 그때였다. 두 아들과 어머니가 어둠속에 잠긴 안방에 불을 켰다.

"아… 아빠다."

아들이 놀라 뒷걸음을 쳤다. 어머니는 두 손을 다물지 못한 입으로 갖다 댔다. 방 한가운데 엎드려 울던 남편이 어머니를 향해 무릎을 꿇었다. 남편은 온몸을 벌벌 떨고 있었다.

"어머님. 저는 죽을 죄인입니다."

남편이 다시 고꾸라졌다. 방바닥에 얼굴을 박았다. 울음이 멈추어지질 않았다. 눈에서, 코에서, 입에서 액체가 방바닥으로 쏟아지듯 흘러나왔다. 어머니가 방바닥에 털썩 주저앉고 말았다. 어머니가 울었다.

"아이고… 하나님 아버지시여! 저 웬수 같은 사람이 회개하고 돌아왔습니다. 하나님이 살아계심을 이리 보여주시니 나는 이제 죽어도 여한이 없습니다."

"어머님! 이 죽일 놈은 용서해 주십시오. 내 죄를 달게 받겠습니다. 어머니… 아…"

끝없는 통곡을 쏟아내는 남편 앞에 두 아들이 다가가 눈물을 흘렸다.

"아… 빠. 아… 빠… 엉엉엉…"

갑자기 두 아들을 본 남편에게서 더 큰 울음이 터져 나왔다.

"아! 우리 아들… 아… 불쌍한 우리 아들…"

남편의 두 팔이 두 아들을 끌어안았다. 아들들도 울음이 커졌다.

"미안하다. 우리 아들. 으으응… 이 아빠가… 그동안 너희들을 버리고 세상에 미쳤어."

자신의 핏덩어리인 두 아들을 처음으로 가슴에 안은 남편의 통곡이 쩌렁쩌렁 온 집이 들썩였다.

"으악… 이 아빠는 사람이 아니야. 이 아빠를 절대 용서하지 마. 불쌍한 아들아."

남편의 눈물과 침이 방바닥에 범벅이 되었다.

"엄마가 아니면 너희들은 이 아빠같이 되었을 텐데… 여기 이 엄마가 너희들을 살렸다. 이 엄마는 너희들에게 생명과 같은 분이다. 이 아빠에게도… 으아악!!"

"하나님. 감사합니다. 내 마음에서 내려놓았던 남편을 이렇게 회개하고 돌아오게 해 주셔서 감사합니다. 흑흑흑…"

"여보… 이 못난 남편을 기다려줘서 고마워. 그동안 죽을 죄 평생 살아가며 갚을 게. 나를 받아줘. 미안해… 미안해. 엉엉."

그토록 다짐했던 내 마음이 남편의 회개의 강물에 함께 젖어 울었다.

나는 남편과 얼굴을 맞대며 그의 가슴에 안겼다. 두 아들도

"아빠"를 부르며 안겼다. 이 광경을 보던 어머니가 큰 소리로 감격의 눈물을 흘리며 남편과 나를 안았다. 어느 새 우리 집안에는 덮고 있던 어둠이 사라지고 새 날이 환하게 밝아왔다. 우리 다섯 식구는 한 몸이 되듯 서로 부둥켜안고 감격의 눈물을 흘렸다.

회개의 강물에 영혼을 씻다

이른 새벽에 잠을 깬 새 한 마리가 우리 집 베란다 창틀에 앉아 아침을 깨웠다. 수십 년 남편의 마음속에 둥지를 틀고 그를 죄악 된 길로 끌고 다녔던 어둠의 영이 그를 떠났다. 몇 시간을 걷잡을 수 없도록 토해낸 죄의 찌꺼기들이 빠져나간 남편의 마음속에 평안이 찾아왔다. 얼굴을 바닥에 박고 울던 그 자리에서 남편이 평온한 얼굴로 잠이 들었다. 그렇게 남편이 며칠을 죽은 사람처럼 잠만 잤다.

맑은 눈으로 나를 바라보는 남편의 눈빛이 낯설었다. 처음 보는 눈빛이었다. 이전에 내가 보았던 정신분열증 환자 같은 눈빛이 아닌, 금방 잠에서 깬 아이의 눈빛처럼 해맑았다.

그 속에 이글거리는 제멋대로의 감정이 빠져나간 남편의 얼굴에서 진실의 눈물을 보았다.

"고마워요. 당신이 이렇게 새 사람이 되어 돌아온 것이 믿어지지가 않아요."

"여보. 나 용서해 줄 거지? 당신에게 마지막 용서를 받고 싶어. 내 진심을 믿어줘. 나 정말 새 사람으로 살게."

"내 마음속에서 당신을 정말 지우려고 결심했는데… 이렇게 당신이 돌아왔어요. 정말 믿어도 되는지… 사실 겁이 나요."

"당신 마음 알아. 내 같은 놈을 어찌 믿을 수 있겠어. 내가 한 짓이 얼마인데… 내 죄를 본다면 절대로 용서받을 수 없어. 하지만 당신의 사랑으로 나를 한 번만 더 용서해줘. 믿어줘."

"네. 이제 당신을 믿을게요. 믿기로 결심했어요."

우린 서로 따뜻한 가슴으로 안았다. 남편의 눈물이 내 얼굴을 적셨다. 흐느끼던 남편이 내게 말했다.

"내가 어떻게 살아야 당신의 마음을 기쁘게 할 수가 있겠어?"

남편의 진실 된 마음을 눈으로, 목소리로 느낄 수 있었다.

"당신, 고마워요. 사람은 무엇을 하느냐보다 어떤 마음으로 사느냐가 더 중요하지요. 이제 저는 당신을 믿어요. 정말 믿을 게요."

"고마워. 이렇게 기다려주는 당신이 없었다면 내 인생은 결코 다시 살 수 없었을 거야. 흑흑…"

남편이 더 힘껏 나를 껴안았다.

내가 학원으로 출근하고 나면 남편의 하루는 온종일 눈물로 지냈다. 내가 무릎 꿇던 예배 상에 엎드려서 하나님께 눈물의 기도를 드렸다.

"당신은 이제 울지 마. 당신이 흘릴 눈물은 이제부터 내 몫이야. 당신은 평생 흘릴 눈물을 나 같은 인간 때문에 다 흘렸잖아."

남편이 나와 함께 새벽 예배를 드렸다. 성전 바닥에 엎드려, "하나님! 나 같은 죄인을… 으아악… 이 죽을 죄인을 지금까지 살려 주셨습니다. 제 인생은 온통 죄 밖에 없습니다. 으아악…"

남편의 통곡 소리가 온 성전을 쩌렁쩌렁 울렸다. 하나님과 대면하듯이 남편은 정신없이 성전 바닥에 엎드려서 울고 있었다. 남편의 등을 가만히 만졌다. 내 눈에도 눈물이 흘렀다. 남편이 내 가슴에 안겼다. 떨리는 나의 가슴과 통곡하는 남편의 가슴이 맞닿았다.

"주여! 주여! 이런 순간을 주시려고 제 인생에 그토록 천둥소리 같은 날들을 주셨습니까. 이제는 주님의 마음을 알았습니다."

내 가슴에서 터져 나온 눈물의 고백이었다. 이렇게 남편과 나는 지옥의 터널에서 영원히 빠져나왔다. 그 죽음의 덫에서 평온의 품으로 인도해 주신 하나님의 은혜에 감격의 눈물을 흘렸다. 남편과 나는 부둥켜안고 소리 내어 울었다. 우리의 마음속에 쌓아올린 그 수많은 날의 절망의 벽을 그 새벽에 무너뜨렸다. 악마가 갈라놓은 우리들 사이의 죽음의 문은 닫히고 희망의 문이 활짝 열렸다. 남편 속에 날뛰던 마귀는 자취도 없이 사라지고 빈껍데기만 남은 남편이 하나님 앞에서 새 옷을 입었다. 이 어둠을 걷어내고 새 날을 주신 하나님은 이렇게 우리 가정을 살려 주셨다. 사람이 이렇게 바뀔 수 있는지를 남편을 보면서 실감했다.

남편과 함께 보내는 시간이 많아지면서 인간의 행복이 무엇인지를 알게 했다. 사람은 물질보다 정신적인 풍요로움이 진정한 기쁨임을 세월의 강을 건너온 뒤에 알았다. 지난 날 산골에서 가난 하여도 한 권의 책만으로도 모든 것을 가진 것처럼 마음이 풍요로웠던 그때의 삶이 되살아났다. 남편은 며칠이 지나도록 눈물을 멈추지 못했다. 마귀에게 짓밟힌 영혼을 움켜잡고 통곡을 쏟아낸다. 나는 마귀가 훔쳐간 그 시간을 다시 찾아주는 사람이 되고 싶다. 남편은 그동안 가족과 고립된 막힌 길에서 은혜의 철로를 놓아주신 하나님의 사랑에 젖어 하루하루를 감격의 새 삶을 결심하며 운다. 인간은 내면의 욕구가 사랑으로 채워질 때 죄의 중독으로부터 벗어날 수 있음을 이제야 깨닫는다.

　지금까지 남편의 내면에서 통제할 수 없는 격렬한 분노는 자신이 고립된 상태라는 내면의 표출이었음을 이제야 알았다. 통제 불능의 분노 자는 자신 인생의 고립을 극도로 느낄수록 강하게 폭발했다. 남편의 하루하루는 영혼의 떨림으로 회개의 강물을 헤엄치고 있었다. 눈을 감으면 영혼이 걸어온 길이 보이듯, 자신이 걸어온 길을 스스로가 용납할 수 없어 저토록 몸부림을 치는 것이었다. 수십 년 자신 속에 깔린 죄악의 필름들이 수없이 떠오르고 있었다. 끊어낼 수 없는 기억의 필름들이 연기가 올라오듯 솟구치는 회개의 눈물, 죄악의 껍질을 벗겨내는 담금질을 하며 영혼의 샘을 파고 있었다.

내가 죽어야 주님이 산다

그렇게 몇 달이 지나가는 어느 새벽에 교회를 함께 가며 남편이 내 손을 잡았다.

"여보! 이렇게 맑은 새벽바람을 맞으며 당신과 함께 교회로 가는 이 길이 마치 당신과 함께 천국을 올라가는 것 같아. 꿈길을 걷고 있는 것일까?"

남편의 손이 따뜻했다.

처음 죄는 먼지 같고 길가에 풀처럼 아주 작지만 그 작은 먼지가 내 속에 쌓여갈 때, 인간 속에 악마가 살기 시작하는 거다. 길가에 풀 한포기가 눈에 띄지도 않았거늘… 그토록 인간 속에 죄의 씨앗을 뿌리는 가라지가 될 줄은 아무도 몰랐지. 인간이 시간의 의미를 젊은 날에 깨달아 살 수만 있다면 그의 인생의 가치가 얼마나 깊을까!

그렇게 한 겹씩 껍질을 벗듯 남편의 영혼은 맑아져 갔다. 때묻은 시간들을 벗겨내고 새 물을 퍼 올리듯 모습도 표정도 웃음도 맑아져 갔다. 남편은 안방 나의 예배 상을 자기 것으로 뺏어갔다. 내가 무릎 꿇던 자리에 남편이 기도하고 성경을 쓰기 시작했다. 남편이 나의 길을 따라오고 있음을 보았다.

그리고 어느 날 남편은 큰 결심을 했다. 자신의 머리카락을 하얗게 밀었다. 모두들 놀라 입을 다물지 못하는 가족들 앞에서 무릎을 꿇었다.

"결심했어. 지금까지 나를 위해 눈물로 기다려 준 당신을 위해 당신의 소원, 어머님의 소원, 그 소원을 이루어 드리고 싶어."

남편이 울었다. 남편의 변화를 온 가족이 보았다.

"여보! 지금까지 나를 기다려줘서 정말 고마워. 내가 이제야 신학교 가기로 결심했어. 정말 미안해. 흑흑…"

놀라운 일이 일어났다. 엄마도 두 아들도 나도 다 울었다. 남편의 눈에서도 콩알 같은 눈물이 뚝뚝 떨어졌다.

"당신 정말이에요? 아! 하나님. 감사합니다."

바닥에 무릎을 꿇고 있는 남편을 끌어안았다. 두 아들이 놀라서 아빠를 부르며 안겼다. 옆에서 울고 있던 어머니가 통곡을 쏟아내며 감격하였다. 온 가족은 남편 한 사람의 변화된 모습에 말로 형언할 수 없는 눈물로 하나님의 살아 계심을 보았다. 그 후, 남편은 성서신학원에 입학했다. 새로운 모습으로 태어난 듯, 신학생인 남편이 성경숙제, 성경시험, 성경쓰기 등으로 시간을 보내는 모습을 바라보는 가장 행복한 사람이 되었다.

성우가 고등학교 입학하던 날, 나도 남편이 다니는 성서신학원에 야간반으로 등록을 했다. 학원 경영과 신학공부를 같이하게 되었다. 그것은 전적으로 남편의 강력한 권유에 순종한 것이다. 성서신학원을 다니면서 하나님께 감사의 기도를 날마다 드렸다. 하나님 말씀을 집중적으로 배우는 것과 신학 공부 속 여러 과목들은 내가 정말 배우고 싶었던 모든 것이었다. 너무도 감사하고 행복해 날마다 감사와 기쁨의 기도를 눈물로 드렸다.

성서신학원을 졸업한 남편이 전도사로 나가는 교회가 정해졌다. 성렬이가 대학을 갔고 성우가 고3이 되는 이듬해 우리 집은 이사를 했다.

하나님께 간절한 기도를 날마다 드렸다. 그때, 기도 중에 '학원을 떠나라'는 하나님의 음성을 듣고 금식기도를 몇 차례나 했다. 하나님의 뜻은 분명하셨다. 한 번도 생각조차 해본 적이 없었던 일이였기에 내 마음이 충격을 받았다. 그러나 분명한 하나님의 뜻에 순종하는 것만이 믿는 자의 갈 길이었다. 오랫동안 나와 함께 했던 부원장이 학원을 맡아서 하고 싶다고 했다. 그 또한 하나님의 인도하심으로 받아들였다.

그러나 10년 동안 내 모든 것을 다 쏟아 부었던 학원을 부원장에게 넘겨주기로 결정한 날, 내 마음의 큰 기둥이 무너지듯 하나님 앞에서 엉엉 소리 내어 울었다. 남편이 내 손을 꼭 잡았다.

"당신 마음 다 알아. 내가 당신을 힘들게 했을 때 당신은 이 학원을 붙잡고 일어섰지. 당신에게 이 학원은 당신 생명만큼 소중한 거야. 당신 힘든 마음 다 알지만 이제 내가 당신 곁에 돌아왔잖아. 그러니 하나님이 내려놓으라고 하시니 힘들어도 우리가 순종하자. 이젠 당신도 나도 오직 하나님만 바라보고 새 출발하자."

나는 남편의 가슴에 기대어 엉엉 울며 그의 위로를 받아들였다.
나는 석 달 동안 어느 기도원 방 한 칸을 빌려 하나님께 두 번째 순종의 길을 선택하였다. 내가 학원을 떠날 무렵, '네가 살아온 삶을 한 권의 책으로 써라'하는 하나님의 음성을 들었다. 내가 살아온 삶이야말로 남들이 알게 될까봐 꼭꼭 숨겨둬야 할 것 뿐임을 아시는 하나님! 내 힘으로 순종할 수 없는 이 엄청난 일을 금식하며 하나님께 길을 물었다.

석 달을 밤과 낮 구분 없이 예배 상에 엎드려 기도와 글쓰기에만 집중했다. 지금까지 내가 살아온 삶은 완전히 죽어야만 했다. 나는 철저히 죽었다. 그리고 이 세상에 다시 태어나는 시간이었다. 너무도 많이 울었다. 그 눈물 속에 처절하게 살아온 내 인생은 한 권의 책을 남기고 죽었다. 그 죽음을 통해 이 세상에 '찔레꽃 그 여자'가 태어났다.

죽음의 그루터기에서 다시 일어나다

죽음의 그루터기에서 눈물로 쓴 내 인생의 자서전 '찔레꽃 그 여자'는 서른일곱 해의 피눈물 나는 삶이 담긴 책이 되었다. 그 한 권의 책을 통해 하나님은 나를 세상 속으로 밀어냈다. 그리고 MBC, KBS 등 방송을 통해 나의 삶이 대한민국 전 국민 앞에 공개되었다. 중앙일보 전면 인터뷰와 사진. 수많은 여성 잡지에 가장 큰 기사로 실렸다. 모든 인터뷰엔 내 인생을 인도해 주신 살아

계신 하나님을 고백했다. 방송을 본 많은 교회에서 나를 간증자로 집회요청이 쇄도했다. 단 한 번도 상상해 보거나 기도한 적이 없었던 일이 내 인생에 일어났다.

나같이 부족한 자가 감히 나의 입술을 열어서 하나님을 증거하게 하셨다. 이 놀라운 일을 하게 하신 하나님. 나는 두려움과 떨림으로 하나님을 증거 하는 자로 섰다. 아무런 준비도 없이 오직 순종하는 마음 하나로 지금까지 그 사명을 감당할 수 있었던 것은 오직 강력한 능력의 팔로 붙드신 하나님의 은혜였다. 헌신적으로 나를 위해 밑거름이 되어준 사랑하는 남편이 없었다면 불가능한 일이었다. 남편은 오직 나를 위해서라면 자신의 몸을 불살라서라도 헌신했다. 오로지 나를 위하여 무엇이든지 다 할 수 있다는 각오로 나의 그림자가 되었다.

남편과 나는 함께 하나님의 거룩한 사역에 순종하며 달려왔다. 내가 쓰임 받기를 하루에 열일곱 시간씩 기도하시던 어머니가 "우리 순애. 세계로… 세계로 써 주소서."를 마지막으로 기도하며 눈을 감으셨다.

어머니가 마지막 눈물 한 방울을 남기시며 천국 가시던 날! 천둥처럼 내 마음이 무너졌다. 내 인생의 눈물의 골짜기엔 항상 나의 어머니가 있었다. 나의 운명 같은 어머니를 떠나보내고 깊은 슬픔에 빠져있는 나에게 남편이 다가와 나를 꼭 안으며 말했다.

"당신 곁에 내가 있잖아. 이 세상에 전부였던 어머니 대신 내가 당신 인생에 전부가 될게. 너무 슬퍼하지 마. 당신 몸 상할까 봐 걱정이야."

나는 또 한 번 남편의 가슴에 기대어 통곡을 했다. 이토록 남편은 내 인생의 지킴이가 되었다.

눈물로 키운 두 아들, 성렬이와 성우가 하나님의 은혜로 장로회신학대학교와 한세대 신학과를 졸업하였다. 하나님은 언제나 내가 바라는 길보다 더 복된 길로 인도해 주신다. 모든 것이 하나님의 은혜다. 하나님께 무릎 꿇은 모든 기도는 하나님의 시간표가 되면 반드시 이루심을 훗날에 알았다.

우리 집에는 놀랍게도 남편과 나, 두 아들이 모두 전도사다. 전도사만 네 명이다. 이제 두 아들은 다 결혼을 하여 복된 가정을 이루어 모두 손주가 네 명이 되었다. 작은 아들이 먼저 결혼을 하여 같이 살게 되었는데 지금은 두 아들 다 한 집에서 산다. 우리 집 식구는 모두 열 명이 되었다. 그리고 항상 가정예배를 온 가족이 함께 드린다. 우리 식구들은 그 시간을 가장 기다리고 있다. 1부는 예배를 드리고 2부 순서에는 손주들이 노래와 춤, 성경 암송 등 장기자랑이 이어진다. 하나님께 예배드리는 그 시간이 가장 행복하고 감사하여 온 가족이 눈물과 감격으로 하나님께 영광을 올려 드린다.

2000년 가을, 첫 책 '찔레꽃 그 여자'를 쓸 때와는 20년이 지나 이 책을 다시 쓰게 되었다. 눈물의 어머니가 내 곁을 떠나가신지 16년이 되었다. 수많은 날을, 이 딸을 위해 눈물과 기도로 사셨던 나의 어머니. 그 기도는 살아서 지금도 나의 삶 속에 그대로 녹아내리고 있다. 어머니의 기도가 나를 살렸음을 가슴 깊이 깨달았을 땐 어머니는 이미 하늘나라에 계셨다.

지나온 삶의 갈피마다 어머니의 눈물이 배여 있다. 지난 날 천둥처럼 무너졌던 내 인생의 슬픔을 어머니의 눈물의 기도가 잡아주지 않았다면 지금의 내 인생은 없을 것이다. 내 삶의 어두운 그림자를 다 걷어내고 내 인생을 바로 세워주고 가신 어머니. 이름도 없이 살다 가신 어머니의 눈물의 기도로 우리 가정은 이토록 풍성한 생명의 씨앗들로 아름다운 열매를 주렁주렁 맺었다.

서른일곱의 인생을 담았던 첫 번째 책. 그리고 하나님 앞에서 눈물과 기도 무릎으로 순종의 길을 달려온 쉰일곱이 되는 나는, 이십 년의 시간표를 하나님께 온전히 바치며 달려왔다. 그리고 그 깊은 우물을 퍼 올리듯 이 글을 다시 썼다.

이 책을 쓰면서 놀라운 사실을 깨달았다. 내가 눈앞만 보고 절망하며 무너졌을 때, 하나님은 내 생명의 출생부터 그 모든 저주스러운 성장과정까지 하나님의 계획안에 넣으셨다. 죽음 같은 시간 속을 지나올 때면 더 깊이 나를 붙잡아 주셨다. 그 죽음의 바닥에서 또 바닥을 팠던 수많은 시간들이 나를 정금같이 빚으시는 하나님의 시간표였다. 그 모든 과정은 하나님이 나를 만들어가는 길이었다. 그 길이 여기까지 왔다.

이제부터 달려가는 모든 날들은 오직 하나님의 시간표다.